JN012382

70歳からの
海外旅行訪問記

Yoshiko Aizawa 相沢佳子

幻冬舎MC

はじめに

　世界地図の中の日本は小さく、その周りにはさまざまな国が広がっている、中には聞いたことのない名前の国々もたくさんある。それらはどんな国なのだろうか。どんな歴史を持ち、どんな自然に囲まれ、人々はどんな生活をしているのだろうか？

　それまで大学で英語教師を務めていた私は65歳で定年後に少しゆとりもできて、見知らぬ国々を訪れてこの目で見てみたいと思うようになった。

　実際に行動に移したのは70歳を過ぎてから。2005年から2020年まで私は海外50数ヵ国を旅行した。訪れた地域の範囲は、北はアイスランドから、南はパタゴニアという南米の最南端、「地の果て」という標識が立って南極までわずか1000kmというところまで。一般的に皆がよく訪れる西欧はもちろん、アフリカやその隣のマダガスカル島にも出かけた。

　中欧のチェコ、ハンガリー、クロアチア、スロバキアや、東欧のセルビア、アルメニア、アゼルバイジャン、グルジアなども。それに中央アジアのウズベキスタンも。アジア、東南アジアの国々も数多く訪れた。

　小さな国にもそれなりに独自の魅力がある。バチカン市国は世界最小だが、アンドラ公国、シンガポール、ルクセンブルク、ブルネイなど訪れたが、これらは全部合わせても四国の面積の半分くらいだ。

70代などという高齢になって急に海外に興味を持って実際に出かけ始めるなど一般にはあまり考えられないだろう。ただ私はそんな年齢になって突如海外に興味を持ったわけではない。もっと前、若いころから海外との付き合いはあった。ということで自己紹介を兼ねて私の外国との付き合いを第1章に記す。

　20代でのアメリカ留学、また後年イギリスへの留学、それに自分の研査のためにイギリスを主にアメリカ、カナダなど海外には何度も脚を運んだこと。さらに息子二人ともに海外勤務が多く、長男はポーランド、イギリス、中国に、次男はアメリカ、カナダと。孫に会いたいこともあって彼らの勤務地を夏休みにはよく訪れていた。

　第2章が本書の主要部で、2005年、正確には71歳からの50数ヵ国への旅について記した。その年は前年に夫が死去、二人の息子たちも先にも記したように当時はともに外国滞在、というわけで私は一人になった。

　それに大学教員の定年後5年間続けていた非常勤講師の仕事も終わり、完全に自由になった。どこへ行こうと何をしても誰にも気がねすることはなくなった。こうして私は旅行会社のツアーに一人参加して訪れた50数ヵ国の国々について、それらの国の様子、自然や文化などについて、また私自身の体験上の感想などを綴った。

　また、私は65歳での定年後始めた山登りの魅力にとりつかれていたので、同じ海外への旅といっても始めのころはハイキン

グのツアーをよく選んだ。それだけに海外の自然に触れ合うことができて楽しかった。また、ツアーでもできるだけ一日とか半日はフリーがあるものを探して一人で自由に歩き回った。

　それまで未知だった国を実際に訪れて、珍しい風景や人々の暮らしなど、本やテレビで見るだけではなく、実際に訪れて肌で感じることはやはり素晴らしい。結局、何ヵ国か行っているうちに病みつきになってしまったようだ。次はどこへ行こうかが楽しみになってきた。その間自分の仕事である論文や本を書くなどと忙しいときもあったけれど、旅行は癒しとなり、また励みにもなった。

　自分では普通のことをしているだけ、特に変わったことをしたとは思いもしなかった。ただ行きたい国を訪れただけで、特に取り立てるほどのことではないと思っていた。

　ところがこれを知った人々がそんなに多く、しかもみんながあまり行かない国まで旅行しているのなら、記録に残すべきだと言われたことから、まとめているうちに本書になったわけである。

　また、一人で海外を訪れる前に、夫も旅行は好きだったので一緒に海外を訪れた。私たちは二人とも教員で夏休みが長かったので在職中でも旅行は可能だった。それで夫と一緒に訪れた10ヵ国ほどの旅の記録も第3章に記した。特にロシア（当時はソ連）から北欧4国まで回る旅行ははじめての大旅行で印象深い。結局訪れた国は60数ヵ国に及んだ。

　実際に高齢になってこれだけ海外へ旅行ができたのはどうし

てだろうか、その要因を考えてみた。

1）自由、これは先に述べたように70歳で一人となってまったく自由になったこと、家族がいればそう簡単には海外などは出かけられないだろう。
2）体力、海外に行くにはそれなりの体力が必要である、観光にしてもけっこう歩き回って疲れる。私は幼少時には虚弱だったが、たぶん山歩きなどで知らない間に体が鍛えられていたと思われる。
3）経済力、これは長年男性と同一の仕事を続けてきたから。

　それに何といっても好奇心が旺盛なこと、それまで知らなかった国を実際にこの目で見てみたいとの欲望が強かったから。よく海外は旅行の準備をするだけでも面倒などと聞くが、私はそんな面倒より実際に行っていろいろ見てみたい好奇心のほうが先だった。
　さらに加えればことばの問題、年配になるといくら旅行会社のツアーでも英語がわからないから心配だとの声もよく聞く。私の場合は英語がたまたま大学で専攻した科目であり、英語教師をしてきたのでことばには不自由しない。ヨーロッパでは非英語圏でも英語は通じる。また、英語があまり使われないような国でもホテルや公共の機関では英語は通用する。
　東南アジアやアフリカなど一般に英語が通じない国への旅行では、事前にその国のことばでの挨拶をはじめごく簡単な表現

を使えるように覚えた。できるだけそれらを使って現地の人との友好を図れるように。どこに行ってもその地のことばを使うと現地の人たちはとても喜んでくれる。例えば、食事の後で「おいしい」と言うだけでも、相手はとても嬉しそうにしてくれる。もちろんこのようなことばは戻ってきてしばらくすれば完全に忘れてしまうけれども。

　訪れた国についてはそれぞれまったく独立して書いてある。たまたま私が訪れた年代順になっているがその通りではなく、興味のある国から読まれても好いと思う。本書を読んで読者がこんな国もあったのかとか、こんな国、こんな地方を訪れてみたいと思われれば幸いである。

　また、実際には行けない方がたには、私の旅行日程で海外の旅を疑似体験してもらえれば嬉しい。

目 次

contents

目次

contents

目 次

第3章　夫と一緒の海外旅行

第1章

私自身の紹介と
海外との付き合い

1 著者の紹介

　私は1933年、東京の青山で3人姉妹の末っ子として生まれ、20年ほどそこで過ごした。家からちょっと電車通りを渡ればそこは明治神宮の外苑で、イチョウ並木のあたりは子供のころの格好の遊び場だった。

　ちなみに私の生まれた年は、日本が国際連盟から脱退し、ドイツでもヒットラー内閣が成立してナチスドイツとなるなど、戦争への曲がり角の年だった。

　子供のころは身体も虚弱で、おとなしく内気だった。小学校の入学式も病気で休み、授業で先生の質問にわかっていても、皆のように「ハイ」、「ハイ」と元気に手を上げたりはしなかった。大きくなって教師になるとか、年をとってから山登りを始め、世界をかけめぐるなど当時からすれば予想もつかなかっただろう。

　これには自分でも不思議な気がする。今になって考えてみると戦後価値観が一転し、家族の生活状態も変わった。それに中学2年で母を、大学1年で父を亡くしたこともかかわっていたかもしれない。つまり、自立心が芽生え、それなりに私も強くなってきたのだろう。

　ここで私のはじめての外国（人）との出会いについて話しておこう。それは隣の大きな家に住んでいたイギリス人のおばあさん。当時はまだ東京でも外国人はあまりいなかったと思う。回覧板や配給物などお隣に届けに行くのは私の役目だった。門

の戸口のベルを押して、女中さんがいないときはおばあさんが出てきたが、時に手招きして私を中に入れてくれた、子供がいないので珍しかったのだろう。

　玄関の扉を開けて一歩中に入ると、そこは別世界のよう。室内はいつでも特異な匂いがしていた、肉食のせいと大人から聞いた。家の中も靴を履いたままだし、外国では人々の暮らしが日本とは全然違うと幼いながら感じていた。

　それともう一つ、幼いころ父は日曜にはゴルフ通いをしていて何回か連れて行ってもらった。そこには当時外国人も多く、子供を連れてきている人もいたようだ。親がゴルフ場に出ている間クラブハウスの中で何人かの外国人の子供たちと遊んだことを覚えている。ことばは全然通じなくても「キャッ」、「キャッ」と言いながら鬼ごっこだかかくれんぼうか、何かしてとても楽しかった記憶がある。そこでは外国人でも同じだという感覚を自然に持ったと思う。

　戦時中は東京で空襲に遭い学童疎開も経験した。終戦のときは小学6年生、戦後の東京は食糧難がひどく生活は苦しかった。

　戦後の教育新制度の前年、都立の女学校に入学してそのまま高校まで続いた。大学は英語に興味を持っていたので津田塾大学の英文科に進み英語学を専攻した。以来ことばについての関心が深まり研究を続けている。当時、英語は世界を開く鍵のような魅力を感じさせていた。

　大学卒業後は公立の中学、高校で英語教師をしていた。大学

卒業後3年目にミシガン大学へ留学した。留学の話は次に記すが、その後の経緯を話しておきたい。

アメリカから戻って高校の同僚だった夫と結婚し、二人の息子に恵まれた。長男出産後、近くに保育園もなく世話をしてくれる人もいないので高校の教師は辞めざるを得なかった。

次男も生まれ、数年間はまったくの専業主婦だった。幼児がことばをどう習得していくかとても面白そうでそれを観察することにした。ポケットにいつも手帳を入れて彼らの発話をメモしていった。

後にそれらをまとめたら、「幼児のことばの発達」というような論文がいくつもできて、雑誌や学術誌に掲載された。それらの論文が業績となって大学教員になったというわけである。東京の美術系の大学で英語を教え、自分の研究も始めた。本章4に記した分野の研究は現在まで続き、第2章の旅行中にも3冊関連の本を書いている。

2 ミシガン大学（University of Michigan）留学（1959 ～1960年）

1959年、大学卒業後3年目に私はミシガン大学に留学した。アメリカへ留学したいというのは大学在学中から私の夢だった。その時代アメリカは多くの若者のあこがれの的だった。ただ、当時は外貨持ちだし禁止（緩和されたのは1964年）の規制があって勝手に外国に行くことはできない。そこでアメリカ政府

のフルブライト奨学金を受けて行くことにした。

　そのとき、私は高校の英語教師をしていて、フルブライトの英語教員のプログラムに志願した。書類選考、試験、面接などを経て日本各地から10人選ばれた。その中で私は唯一の女性だった。当時はまだアメリカの情報も少なく、出発まで外務省などによるオリエンテーションを何度も受けた。

　はじめての外国、アメリカでは大学での勉強以外にも近辺の学校や博物館、観光地などの見学にも連れて行ってもらった。生活、環境すべてが目新しく得るところも大きかった。また、多くの人々と付き合う貴重な経験をした。ホーム・ステイのような形で、私とブラジルからの留学生が一緒に住んだ。そこには二人のアメリカ人が下宿していて、二人ずつペアで1週間の食事当番をした。

　私は少し黒の混ざった優しい看護婦さんとの組で、土曜に彼女の車で1週間分の食料を買いに行った。日本にはまだなかった巨大スーパーに食料が山と積んであるのに驚いた。夕食の準備ができると「Dinner's ready（夕食できたわよ）」の声に4人がそろい、家族のように話し合いながら楽しく食事をした。

　大学には留学生専用のセンターがあり、各人の情報も記録されていたので、日曜とか休日にはよく地元のアメリカ人の家庭に招待されて楽しいときを過ごした。そんなときは近所の人々も一緒に加わって日本のことなども興味深く話題に上った。

　また、アメリカ人だけでなく、他の国々からの留学生との付

き合いも世界を広めた。ブラジルなど南米、東南アジア、それにイラン、トルコ、アイスランドなどからの人々が一緒だった。イランの友だちは昔のペルシャの華やかな絵入りの本を見せて話をしてくれた。中でもインドネシア、タイからの女性は日本的な感じがして親しみを覚えた。

　最近問題になっている黒人差別について、ミシガンでは当時一番の金持ちは髪の毛をストレートにする薬を開発した会社だという話が伝わっていた。黒人がいかに縮れた髪の毛を隠したいか切実な気持ちの表れだったのだろう。それまでの奴隷制度や人種差別などのことは知っていたが、現実にそのような話を聞いて、私もはじめて彼らの気持ちを知った。

　また、ミシガンでは特に差別はなかったが、南のほうに行ったとき衝撃を受けた。ある駅の待合室で待っていて何となく異様な雰囲気を感じた。出てみたら部屋の入り口の上に「Colored」と書かれていた。廊下を挟んで向かいの待合室には「Non-colored」だったか「White」だかが記されていてそちらに移動した。南部では待合室まで区別されて黒人差別をしていると改めて思い知らされた。

　アメリカの文部省の計らいで長いクリスマス旅行に出かけた。7、8人ほどの留学生仲間と東から西へ寝台列車で4泊して大陸を横断した。朝下車して昼間は近辺を観光し、時には泊まって何日か滞在し、また夜次の列車に乗ってと繰り返してロサンジェルスに。そこからサンフランシスコまで行って、今度は北

の路線で同じようにしてミシガンに戻った。途中グランド・キャニオンなども訪れ、その偉大さにはただ驚いた。

　政府からの連絡で行く先々で現地のボランティア（海外留学生の支援をする人々）に迎えられた。特にこのとき暖かく迎えて接待してくださったのが後にも出てくるロサンジェルスのメイン（Main）さん夫妻と、サンフランシスコのマッキンノン（McKinnon）さん一家だった。

　メインさんはたまたま私が帰りはロサンジェルスからの船と知り、出発時には何日でも家で泊まっていくようにと誘ってくださった。そして帰りはメインさんの豪邸に何日か泊まり、ディズニーランドや美術館、公園などに連れていってもらうなど楽しい日々を過ごして帰国した。

　ミシガンでの勉学後「地域課題」という形でマサチュウセッツの片田舎で１ヵ月ほど過ごした。現地の高校に所属してアメリカの学校での教え方などを実地に学んだ。他の学校やライオンズクラブなどからも日本の話をよく頼まれ、英語でのスピーチも十分慣れた。毎晩必ず近辺どこかの家庭に招かれて食事をごちそうになり、いろいろとおしゃべりを楽しんだ。

　そこで忘れられない思い出がある。その地域には日本人は珍しく、私のことも新聞に何回か取り上げられた。ある日曜日一人の日本女性が訪ねてきた。彼女は戦後日本駐留のアメリカ兵と結婚してこちらに来たが、ここでいかに苦労したか荒れた手を見せて涙ぐみながら語った。

　彼女は今までの苦労をしゃべって満足したようだった。日本

人に会って話がしたい、それでご主人が車で連れてきてくれた
と聞いて、ご主人が優しくて良かったとほっとした。当時、彼
女のような戦争花嫁は4万人ほどいたとか。中には幸せな人も
いただろうが、彼女のように偏見や差別に辛い思いをした人々
も多かったようだ。

　アメリカ滞在中に親しくなった人々とはその後も文通が続き、
その後それらの人々が日本を訪れたときに再会を果たしたこと
も多い。羽田にはよく迎えに行き、家にも来てもらった。息子
たちも幼いころでお土産にもらった英語の絵本が当時は貴重
だった。
　サンフランシスコで泊めていただいた家族の娘さんは二人と
も来日し、私宅にも泊まった。私がアメリカで彼女たちと別れ
るとき大泣きした下の娘さんは、日本が気に入って長期滞在し
た。
　ミシガンで感謝祭に招待されて何日か楽しく過ごした家の娘
さんは看護婦になり医者の旦那さんと結婚。後にベトナム戦争
に派遣されて、1週間の休暇とかで来日したときには我が家に
も来てもらった。当時ベトナムでのアメリカ参戦についてそれ
ほど関心はなかったので、私にしてもちょっとした衝撃だった。
　その母親との文通で上の息子さんは結婚したけれど離婚した、
friendly divorce（円満離婚）だったとの知らせにあんな素直
そうな良い坊ちゃんがと驚いた。当時日本ではまだ離婚は珍し
かったと思う。結局何十年か経って日本でも離婚は珍しくなく

なり、アメリカの風潮が日本にも遅ればせながらやってくるのだと感じた。

　下の息子さんも結婚し、お嫁さんは今大学院に通っていると書いてあったのにはとても感動した、結婚してからでもまだ学び続けられるということに。メインさんのご主人も50代半ばで博士号を取得して15年ほど医者をしていたという話も思い出した。アメリカで学問は年を選ばずにできるという事例は私にとって大きな刺激になった。

　1960年代日本でこんなことはあまり考えられなかった。私も子供たちが成長し、年をとってからでも大学院でさらに勉強ができるかもしれないと希望が湧いた。そして実際その通り私は60歳近くになって次に記すようにイギリスの大学院で学んだ。

3　レディング大学（University of Reading）へ 研修（1979年）、留学（1990年、1991年）

　夏休みに文部省から大学英語教員の研修として全国から10名がレディング大学に派遣された。授業科目は教授法、作文や文法など比較的易しく楽しんで学んだ。はじめてのイギリスはアメリカとは異なり、やはり歴史の重みを感じさせた。土日はよく小旅行を楽しんだ。車を運転してくれる仲間もいて先史時代の遺跡ストーンヘンジ見物やウエールズ地方など方々を回った。

　一人でもいろいろな場所を訪ねた。チェスターでは中世の雰囲気を残す城壁の上を歩いてみた。また、そこの白黒格子の建

物群の素敵な街並みも印象的だった。

　中でもコベントリーにある大聖堂は印象に残っている。戦時中ドイツの爆撃で天井は焼け落ち、外壁の一部だけ残して廃墟のままだった。それを見ていて広島の原爆ドームを思い浮かべた。その隣に新しい現代風の立派な大聖堂が建っていて、その対比が強烈だった。

　先に研修を受けたレディング大学が日本で大学に在職したまま夏休みを２回利用して修士過程が取得できる制度があることを見つけて利用した。アメリカでは２年、イギリスでは１年かかる修士課程を正味５ヵ月ほどで済ますのだからこれはかなりきついコースだった。毎晩遅くまで山ほどの研究課題と格闘した。今回は旅行などする暇は全然なくて、土日もどこにも行かず寮や図書館で過ごした。修論は日本に帰国後書いて郵送した。途中２、３回担当教官に見てもらい修正して送り返すなど、今ならメール添付で簡単に送れるのに。

　その時代イギリスまでの直行便はとても高額で私は南回りのシンガポール航空などをよく使った。途中２、３ヵ所止まって20時間以上かかったが、それだけ目的地へだんだん近づく楽しさを味わったように思う。

4　研究調査

イギリス（1990年代から2000年）

　私の研究題目は主としてBasic Englishという850語で表現で

きるという英語の組織、およびその考案者のオグデン（C. K. Ogden）である。彼に関する資料が保管されているarchives（文書館）がイギリスを主に数ヵ所の大学図書館内にある（拙著『C. K. Ogden——「ことばの魔術」からの出口を求めて』2019清水書院　6章参考）。それらの文書館を何度か訪れた。いずれもロンドン近辺だったので、土日図書館がお休みのときは大英博物館やテート美術館によく行ったり、また時には汽車に乗って遠出をしたりした。

アメリカ（1990年代、2014年）

　この国で唯一私の関連資料があるカリフォルニア大学（University of California）ロサンジェルス校（UCLA）には研究調査に何回か訪れた。

　土日にはアムトラックと呼ばれる汽車に乗ってサンディエゴまで行ったこともある。サンディエゴはカリフォルニア随一のビーチシティ、長く続く海岸線があって青空に映える海を眺めながらの散策はとても気持ち良く楽しかった。また、バスで世界一大きいとの動物園まで出かけたこともある。

　2014年に訪れたときは日数もたっぷりとったのでサンディエゴに宿をとった。サンディエゴの空港で入国審査のときちょっと問題が起きた。係員は一人かとか、家族がここにいるかなどと聞き、目的はと聞かれて私はつい「On holidays（休暇休みに）」と答えてしまった。すると私のパスポートを見て80歳過ぎの老婆が一人でと渋い顔をしてなかなか通してくれない。何

かあったらと心配したのだろう。

そこで「でもアムトラックでUCLAにresearch work（研究調査）をしに」と言ったら、「Ah, research work, OK」と今度はニコッとして快く通過させてくれた。

あるときロサンジェルスへの帰りが遅くバス停には真っ暗闇に私一人だけ。ただでも心細く早くバスが来ないか待っていたところ、向こうから男の人が一人やってきた。麻薬か何かを売ろうと声をかけてきた。私は必死にわざと下手な発音で「No English」と英語がわからないふりをして難を逃れた。

カナダ（1996年、1997年）

トロントに近いマクマスター（McMaster）大学に研究調査に出かけた。ここには私の研究に貴重な資料がたくさんあり長期二度にわたって訪れた。そこの主任の女性は歴史学の博士で、他の文書館に比べて、資料も整然として利用しやすかった。その女性といろいろ話をしているうちに親しくなって自宅のディナーにまで招かれた。

彼女は自分の主人はblue jeans（労働者）だと言っていたが、ご主人も明るい立派な人で、彼女の家での食事も３人おしゃべりしながら楽しくいただいた。帰りは彼が宿まで車で送ってくれた。二人はとても仲睦まじい様子だった。奥さんが博士でご主人が労働者という組み合わせは日本ではあまりないだろうなと感心した。

アメリカ（2009年）

　ハーバード（Harvard）大学のある図書館に私の研究に関連のある資料があるとわかってそこを訪れた。ハーバードは構内がすごく広く図書館の数も73とか。地図を片手に私の行くべき図書館にたどり着くのに一苦労した。というのはどういうわけか地図に記されているお目当ての図書館の場所には何の建物もない。困って隣の図書館で聞いてみた。すると見えないはず、そこは地下になっていて入り口は横手にあるとのこと。やっとたどり着いてそこに数日通った。

　仕事も終わってのんびりと大学の自然史博物館を訪れた。ここの植物博物館には何百というglass flower ガラスで精巧に造られた植物、特に花々が見事だった。それにせっかくここまで来たからとボストン、ニューヨークに寄った。それぞれ素晴らしい美術館をじっくり見て、また公園歩きを楽しんだ。

5　息子たちの海外勤務地訪問

ポーランド（1999年、2000年）

　夏休みにポーランドのキェルチェという市に転勤中の長男宅を2回訪れた。そこはちょうどワルシャワとクラクフの中間ほどのところ。この国はドイツとソ連に挟まれ、大国だったが、分割、消滅の時期を経て共産主義国となり、さらに1989年旧ソ連圏でははじめて非社会主義国となった国である。それまでポーランドと言えば、ショパン、キューリー夫人、エスペラン

トを作ったザメンホフの国という以外私には未知の国だった。

　まずワルシャワ空港に到着。空港にはこの国出身のローマ法王ヨハネ・パウロ二世の大きな写真が目についた。カトリック系の多いポーランド人にとって彼はどんなにか誇らしいことだったろう。ワルシャワ市内を見て回ったが、旧市街は戦争で壊滅後、以前の建物など前とまったく同じように壁の割れ目まで忠実に再現したとのこと。広場を歩きながら四方を眺めて感動した。

　初孫はかわいく、皆で豊かな自然の中などをよく散歩をした。ポーランドという国名は「平原」を意味しているとか、確かに南部の一部の山岳地帯を除いてなだらかな平原が続いていた。その南部の国境を越えて**チェコ**や**スロバキア**などにも行ったが、国境では日本のパスポートは珍しいらしく、入国審査にけっこう時間がかかり待たされた。

　ポーランドでは当時ワルシャワ以外英語はほとんど通じなかった。外国語としてはドイツ語とロシア語だけ、EUの一員となった現在では信じられないようなことだが。赤ん坊を抱えて嫁はポーランド語を覚えるのに苦労したと思う。病院などに行くときは、息子の勤務先のポーランド語と英語の通訳の女性がついて来てくれたとか。

　私もこれを期にポーランド語を学ぼう、向こうの人と少しでも話ができればと学びだした。しかし、あまりに活用変化が複雑で私にはとても無理とあきらめて、日常会話の薄い本を求めただけ。

クラクフは古い街並みで、アウシュビッツ収容所のあったところだ。そこは訪れなかったが、ヴェリチカ岩塩坑を見学したがそこは素晴らしくて印象に残った。2000万年も前に自然の力で作り出されたとか。とても広く地下深くに岩塩が結晶化され、いくつもの部屋に見事な塩石の彫刻や彫像がおかれていた。岩塩の鍾乳洞などがつながった結晶の洞窟は目もくらむほどで、思い出に残る場所だった。

　このときと思うが**フィンランド**にも連れて行ってもらった。フィンランドからフェリーでバルト3国の一つ**エストニア**へ渡り、首都のタリンを観光したこともある。城壁に囲まれた旧市街は中世の街並みがそのまま残ってまるでおとぎの国のよう。美しい建物、教会を覗き、石造りの壁に囲まれた素敵な通りなど、一日中歩き回って楽しんだ。

イギリス（2002年、2005年）

　長男はポーランド勤務からそのままイギリスに転勤した。ロンドンからほど近いメイデンヘッドの長男宅を訪問した。孫娘も成長してイギリスで幼稚園から小学校3年まで過ごした。

　土日は息子の車でよくナショナルトラスト（National Trust）の素晴らしい庭園や豪邸を見に連れて行ってもらった。これは史跡や自然美の保護団体で19世紀末に結成されたボランティア団体である。お世話もボランティアの人々によるとのこと、国の美景を保護するこのような団体を羨ましいと感心し、日本にもあれば良いのにと思った。ただその多くは比較的公共

の交通の便が悪く、それまで私一人ではなかなか行けなかった。

　ポーランド2回とイギリス1回の訪問は夫も一緒だった。ただ彼は脳梗塞の後遺症で半身不随、杖をついて出かけた。私は空港までスーツケースを二つ引っ張り、階段などは大変だった。今よりは若いといっても70歳近かったから。

　外国では空港でも身障者にとても親切だと感心した。ポーランドでも機内で杖をついている夫を前が広い座席にわざわざ連れて行き、ときどき「大丈夫ですか?」と気を使ってくれた。

　また、イギリスでは係の人が彼を車イスに乗せて広い空港内をスーッと運んでくれた。さらに入国審査も長蛇の列が並んでいるのに、車イスは別の個所で手続きも手早く済んだ。日本出発時は空港内を私が車イスを押して進んだ。もっともこれは20年近く前の話、現在は成田などでも改良されていると思う。

中国（2016年）

　長男は今回単身赴任で3年間上海勤務、その間に孫たちと一緒に上海を訪れた。上海の地下鉄駅がすぐ近くで何度も地下鉄に乗った。そこでは改札後手荷物を空港のようなセキュリティ・チェックを通した。地下鉄に乗り込むと、いつでも必ずドア近くに座っている人がサッと立って私に席を譲ってくれた。日本では現在杖をついていてもこうはいかない、ほとんどの人は下を向いてスマホに夢中だから。

　はじめ私は「謝謝」と礼を言ったが、息子いわく彼らにしたら老人に座席を譲るのはまったく当たり前のことで、わざわざ

礼を言われることではないと。中国人はマナーが悪いなどとよく言うけれども、少なくとも老人を敬うということには感心した。

　近くの高層ビルの高い場所に四角い空洞があるので息子に聞いたら、それは風水によるものとのこと。風水とは中国4000年もの歴史を持ち、都市や地方で住居、建物などの位置の吉凶を決めるのに使われている信仰とのこと。

　ある場所でエスカレーターを乗り継ぐとき一回りして遠くまで行ったが、これも風水のためとか。近代化の中でこのような風習が残っていることに何か不思議な感じがした。

アメリカ（2005年、2006年）

　次男はテキサスのヒューストン（Huston）に7年間勤務、その間そこを2回訪問した。当地で生まれた孫二人ともにかわいい。でもヒューストンの夏はとても暑いし、近所に散歩に行くような場所もあまりない。ただ、ヒューストンと言えば宇宙センター、NASA宇宙開発の重要拠点、そこはアメリカ全土の宇宙飛行の統率、監視機関でもある。あるときそこへ連れて行ってもらった。

　何しろ規模の大きさに驚いた。広い館内には宇宙船の実物モデル、宇宙服、探査機など宇宙開発にかかわる各種展示物があり見学した。また、トラムツアといって小型バスに乗って方々見学できるようになっている。それで宇宙飛行訓練室とか無重量環境訓練室なども見学した。実際にこれらを見てわくわくす

るような気分だった。これは貴重な印象に残る経験だった。

　また、ヒューストンから**ベリーズ**という国にも連れて行って
もらい、そこで何日か過ごした。ベリーズは中米のメキシコと
グアテマラに挟まれた小さな国、四国より一回り大きい程度。
あまり知られていない国だけど、「カリブ海の宝石」と呼ばれ
る美しい海とサンゴ礁に恵まれている。街から小舟でいくつか
あるホテル専用の桟橋に着いてそこから陸地に上がる。

　波はおだやかで海岸でデッキチェアに座って海を見つめての
んびりゆったりした気分にひたった。小さい孫（男の子）が欧
米の女の子とことばも通じないのにキャッキャッ言いながら仲
良く遊んでいるのがとても微笑ましかった。

カナダ（2013年）

　次男は7年のアメリカ滞在後、2、3年日本にいて今度はカ
ナダに、そこでカルガリーの次男宅を訪れた。カナダは広いだ
けあって、空港から彼の家まで車窓から見える広い野原には菜
の花が真っ黄色に咲いていたが、どこまでも続いているという
感じだった。

　休日は別荘をレンタルして何泊かし、そこから美しい湖や山
など自然の中をみんなで歩き回って楽しんだ。何しろカナダは
広さ世界2位、湖は世界の半数300万もあるという。特にこの
あたりはレイクルイーズ、レイクモレーンなど見事な湖に恵ま
れている。特に山の上の氷河から流れ出た水による湖はエメラ
ルドグリーンの水面が周りの深い山々の樹々に映えて何ともい

えない美しさだった。

　（2005年70歳からの旅行より以前の海外との付き合いとして記
してきたが、年代的にそれ以降のものも含まれることを承知い
ただきたい）

第 **2** 章

70代からの海外旅行

「はじめに」で記したように、2004年に夫は死去、それまで数年介護の日々が続いたが、この年に私は一人になり、それに仕事も終わって完全に自由になった。

そこで翌2005年、71歳から海外旅行のツアーに一人参加を始めた。特に最初のころはハイキングの旅行を好んで選んだ。クラブツーリズムの「世界をあるく」やユーラシア旅行社のハイキングツアに。もちろんそのうちに観光目的での旅行も多くなった。

個人で海外の旅をするにはホテルの手配や交通手段なども大変だし、何より効率が悪い。ツアーでは限られた日数でもバスをチャーターして効率良く名所を回ってくれる。英語圏以外では一人旅はやはり無理とツアーに一人参加と決めた。ほとんどの場合日程にフリーの日なり半日があり、オプショナル・ツアーといって選んで参加する企画があった。ただ私はいつもそれを断って一人で自由行動をした。

旅行会社のツアーではほとんど日本から添乗員がついて出発から帰国まで一切の世話をしてくれる。

現地ではその国の日本語ができる専門のガイドが案内をしてくれる。ヨーロッパでは日本人ガイドのこともあった。これらガイドは全旅程通してのことが多いが、国内の各地ごとに変わる場合もある。東南アジアなどでは添乗員なしで現地ガイドがすべて世話してくれることもあった。

旅行社から事前に「旅のしおり」という小冊子が送られて、旅の観光地など日程が記されている。私はその空白部などに

ぎっしり旅先のことを書いているので今回もそれらは役立った。

　また、事前に『地球の歩き方』シリーズの訪れる国の本を図書館から借りて、観光予定地の部分などをコピーして、一応前もって大ざっぱなことは頭に入れておく。

ニュージーランド

マウントクック＆テカポ湖＆ミルフォード

オーストラリアのちょっと南東に位置するこの国は、大昔に南米大陸から分裂し主に北島と南島の二つからなっている。北島には巨木やマングローブの海、南島にはブナの原生林やフィヨルドが広がり、太平洋側には雪と氷河のアルプスがそびえる。

絶景の自然とのふれあいの中、バスの故障で立ち往生

　私たちが歩いたのは南島だった。ここは1000年ほど前に中央ポリネシアからマオリの人々がやってくるまでは無人の島だった。19世紀に入ってイギリス人ら入植者が増え、1840年マオリ人と正式な条約を結んでイギリス領となっていたが、1947年イギリスから独立した。ここ何年か移住者や留学生も増えてきている。

　氷河、険しい山々、広大な平野、森林、川や湖と変化に富む自然に恵まれている。国土の約３分の１が国立公園、森林公園、保護区などで、これらには遊歩道や山小屋なども設置されていて、自然と触れあえる環境はトレッキングには最適だ。私が最初にこの国を選んだのは風光明媚な土地、そしてハイキングに素晴らしいと思ったから。

　まずクライストチャーチに着き市内観光を。大聖堂や「善き

羊飼いの教会」を見学した。この教会の奥の窓からも見えるテカポ湖はミルキーブルーという色合いで素晴らしかった。ルピナスなど花々が咲き乱れている湖の周辺をハイキングした。松の森の中や川沿いを歩き小高い丘を登った。丘の上からも湖や周囲の山々が見渡せ、氷河が雪のように光って見えた。はじめて見るこの国の自然風景に感動。

　楽しい観光も終えおいしいお料理もいただき、後はホテルへ帰るだけとバスに乗り込んだ。しばらく進んでいくと急にバスはスローダウンし、やがて完全に停車してしまった。どこか故障してしまったらしい。

　バス会社に連絡を取りたくてもちょうど山の中、運転手の携帯も電波が通じなくて使えない。他の車に少し先まで乗せてもらい、そこで携帯をと待っていた。次々に走ってくる車は合図をしてもなかなか止まってくれない。車内の電気も消して真っ暗な中ずいぶん長い間待たされみんな心細い思いをした。

　その間現地のガイドは私たちを慰めようと何やかや楽しいおしゃべりをしてくれた。やっと止まってくれた車に運転手は乗せてもらい何とか連絡もつき、小型のバスがやってきた。皆一斉に拍手、ずいぶん遅くなったけれどもホテルに着いてホッとした。

　お目当てのマウントクックへ着き、マウントセフトン山の麓の展望台までハイキングをした。徐々にフッカー氷河などの圧倒的な展望が広がってきた。山頂に降った雨や雪が積み重なって氷の重みで圧縮されてできたものが氷河で、何百年もかけて

ほんの少しずつ山頂から山の麓へ流れてくる、山の斜面を旅しているとのこと。

このマウントクック国立公園は全体の敷地面積の40％を氷河が占めていると聞いてこれも驚きだった。何しろはじめて目にする氷河にただ圧倒された。ここはホテルも目の前が花々の咲き乱れる大草原で実に気持ち良かった。

ホテルの裏に低い山があり1時間ほどで回れるコースが案内書に出ていた。早めにハイキングから戻った日、裏山に行ってみたいと思い、一応日本からの添乗員にその旨を伝えてからもう一人の仲間と二人で出かけた。昼間のコースとはまた違った景色の中を軽い山歩きのような感じでおしゃべりしながら楽しく歩いた。

また、別の日にはフッカー渓谷のコースを歩いた。氷河を正面に見ながら谷のような道を進んで行った。私は吊り橋は苦手で、フッカー川の吊り橋を恐る恐る渡った。このあたりにはマウントクックリリーという白いふわっとした何ともかわいい花が咲き乱れてとても見事だった。

この地にはきれいな花々がたくさん咲いていて私たちを楽しませてくれた。植物は持ち帰れないが種なら大丈夫とここの花の種を少し買った。帰国後この種を庭に蒔いたら2、3年はきれいな花が咲いて、ニュージーランドの良い思い出になった。ただ、多年草とのことだったが、気候や土の違いか以後は咲かなかった。

「世界で一番美しい散歩道」と称されるミルフォードトラック

のトレッキングは、私が一番楽しみにしていたところだった。期待にたがわずここは素晴らしかった。全行程は50kmちょっとと長くはないが、日程的に全部は無理で私たちが歩いたのは一部だけ、でもその素晴らしさは満喫できた。途中山小屋で昼食をとり、歩き続けた。

　西欧人たちも大勢来ていて、彼らとおしゃべりをしながら歩いていると疲れも感じなかった。吊り橋をいくつか渡り、板張りの歩道を通り峠へ、手つかずの自然で美しい湖、氷河に削り取られた壮大な大自然、原始の苔むす深いブナの森、あちこちに滝も流れ、水の青と樹々の緑が映える中を歩いていてその幸せを痛感した。

　また、翌日はミルフォードサウンドで遊覧船に乗ってのクルーズで素晴らしい景色を眺めた。これは氷河期の間、氷河の浸食で形成されたフィヨルドで、細長い形の湾である。うっそうとした多雨林が生き続け、1年の3分の1は雨が降り両岸の岩盤に滝がいくつも作られて流れ落ちている。両側の山々は形からライオン、象、アザラシの山などと名前がついていた。また、ドルフィンやオットセイ、ペンギンなどの野生動物の姿も、「ほらあそこに」とガイドさんが知らせてくれて見つけるのも楽しかった。

　この国は自然保護に力を入れ、靴を箱の中の消毒液につけて、外来の土や種が入らないようにしていた。また、ルピナスというピンク、白、紫、黄色など色とりどりのきれいな花がデカポ

湖周辺やマウントクック周辺にたくさん咲き乱れていた。ちょうど藤の花を逆さにしたような姿だ。これもアメリカ大陸から入った外来種ということで、きれいな花なのにここでは嫌われてかなりの予算を使って毎年駆除しているとか。動物も同じで独自の生物を外来種の影響から守るためこの国ではとても努力していることに感心した。

　一人になってはじめて訪れた地、ニュージーランドはそれまで知らなかった海外の国を旅する魅力にとりつかれた最初の国だった。しかも、ハイキングの素晴らしさも味わえて最高な楽しみを見つけ、海外への旅を続けたいと思うようになった。

✚ スイス

ヨーロッパ・アルプス3大名峰ハイキング

スイスは日本の九州位の小さな国、それでもアルプスに囲まれた
雄大で豊かな自然に恵まれた国である。一つの国で公用語が4ヵ
国語という珍しい国でもある。

ヨーロッパ3大名峰を望み、 老夫妻との楽しい語らい

　スイスと言えば子供のころに読んだ『アルプスの少女ハイ
ジ』の話を思い出し、美しい森や牧草地帯が目の前に浮かぶ。

　スイスはヨーロッパ・アルプスが連なっているところだ。
ヨーロッパ3大名峰とはモンブラン（フランス・イタリア間に
そびえる最高峰）、マッターホルン（スイスとイタリアの国境）、
ユングフラウ（スイス・ベルーナ地方）を指す。これらの展望
を望みながらハイキングをするというこれはぜいたくな素晴ら
しい企画だ。

　まずシャモニーに到着し、ロープウェイを乗り継いでモンブ
ラン展望の最高地点へ。周囲の山々の展望を楽しみながら歩い
た。斜面には色とりどりの花が咲き乱れ、その間を緩やかな登
りや下りと進んでいった。最後は岩場でちょっと怖かったけど
手すりが付いていて安心だった。展望を楽しんでの帰りロー
プ・ウェイの駅に到着したが、運悪くそのロープウェイ下りが
故障で動かなかった。結局、シャモニーまで歩いて下りさすが

に疲れた。

　マッターホルン展望ハイキングの日はゴンドラで上がり３つの湖をめぐって歩いた。そのうちの一つの湖にはマッターホルンが映り、「逆さマッターホルン」として有名、確かに見事だった。

　そしてさらに登山電車で3000ｍまで上りマッターホルン展望台としては最適な場所でその展望を楽しみ、同時にスイスの最高峰の山並みを氷河越しに眺めた。あたり一面視界を遮るものもない広大な見事なお花畑を見ながら、まるで天国にいるような気分で歩いて下ってきた。

　ユングフラウヨッホ観光とアイガートレイルのハイキングも素晴らしかった。ユングフラウはアルプス最大、最長のアレッチ氷河とともに世界自然遺産となっている。ここはヨーロッパ最高地点の鉄道駅（3454m）と直結している。

　ドイツ、フランス、イタリアの山々まで見渡せる大パノラマを望み、アイガートレイルを歩いた。世界でも有数の難所と言われる岸壁、アイガーの北壁を見上げながらのトレイル（山の小道）で、北壁に流れ落ちる滝や雪渓、岩の隙間に咲く可憐な高山植物など見ながらの楽しいハイキングだった。

　自由の日は他の人たちは皆オプションのツアーに参加したが、私は一人でゴンドラを見つけてそれに乗り、降りたところから地図を片手に周辺の景色を愛でながらのんびり歩いて行った。

　途中外国人の老夫妻が歩いていたので英語で声をかけると嬉しそうに応えてきた。彼らはイギリス人でスイスははじめてで

少し心細かったようだ。周りの素晴らしい景色を見ながらいろいろ話しているうちに、不思議に私たちは気が合ってすっかり意気統合してしまった。

　一緒に歩いているうちに日本のことなども聞かれ、またイギリスのことなどでも話がはずみ楽しかった。かなり歩いたけど疲れも感じなかった。休憩所で一緒に休み、お茶をいただいた。彼らはこんな若い日本の女性と一緒になれてとても楽しかったと礼を言ってくれた。若くはないけど、私のほうこそ楽しい一時をと感謝した。これはスイスでのおまけの素敵な思い出となった。

ネパール

The Top of the World ヒマラヤ感動紀行

ネパールは東、西、南の三方をインドと、北を中国（チベット自治区）と接している横に細長い内陸国である。北側にヒマラヤの山々がそびえ、南は平原が広がっている。

ヒマラヤの山々を眺めて、 はじめてのキャンプ生活

　紀元前数千年も昔からカトマンズに定住してきた民族がこの国の先祖とされている。現在正式名はネパール連邦民主共和国である。住んでいる人々は100以上の多民族とか。2006年まで世界で唯一ヒンドゥー教を国教として80％ほどがヒンドゥー教徒だが、仏教とも共存して人々の日々の生活は宗教に深く結びついている。

　ヒマラヤなど私にはとても手の届かないところと思っていたが、それらを眺めながらのハイキングとは何とぜいたくな旅かと参加した。

　まず首都のカトマンズへ、そこから赤レンガがびっしり立ち並ぶまさに古都という雰囲気の世界遺産バクタブル郡の観光をした。ここは14〜15世紀ネパール全盛時代の3つの王国の一つで、ネパールの歴史・文化遺産が集中している。

　王宮内には3つの王宮と中庭が、またいくつかの立派な寺院も建っていて、高さ30mの五重の塔への階段の両脇には精巧に

刻まれた動物がずらりと並んでいた。また、商店街を歩いていると、「孔雀窓」と呼ばれている窓に孔雀が彫刻されているのが見られるが、その彫りの緻密さにネパール人は何と器用なことと感心した。

　道路沿いにはいろいろな小さな店が軒を連ね、とても貧しそうなでも人の良さそうな現地の人々の生活が垣間見えた。この国でもインドと同じく、人と会えばいつでも手を合わせて「ナマステ」（元々の意味は「あなたに敬礼、服従する」とのこと）の挨拶を交わす。私もすぐこの挨拶には慣れて、会う人々にナマステと挨拶した。こちらがにこりと微笑めば、彼らもにこりとしてくれる。

　翌日は朝早くに起き、朝日に映えるヒマラヤ山脈を眺めに出かけた。刻々と空が明るくなり山々へ光が当たり幻想的だ、空と陸の間に描かれたような壮大な景観には何か荘厳という雰囲気で感動した。空路ポカラへ移動、ネパール第二の都市ポカラはヒマラヤに包まれた緑と湖の都だ。

　山々に囲まれた湖は美しく、湖から流れてくる川の水が地中に吸い込まれ、岩の削られたところから流れ落ちる滝もきれいに映えていた。ここは登山しないでもヒマラヤが展望できるというリゾート地だ。明日からはアンナプルナトレッキング、2日間のキャンプ生活！　私にはキャンプなどはじめての経験なので楽しみでわくわくした。

　アンナプルナ連峰への遊覧飛行を楽しんだ後キャンプ場への出発点に向かった。これからというとき、あいにくものすごい

雷雨やヒョウでしばらく雨宿り、おさまってからゆるやかに登り始めた。テントや私たちの重い荷物を運んでくれるポーター、料理をしてくれるコックさんたちがシェルパを先頭に同行して、1500mほどのチャンドラコットへ登った。シェルパとはこの国の山岳民族の名前で、高所のポーターやトレッキングのガイドをして生計を支えている人々だ。

ポーターの中には小柄な女性たちもいて、私たちのしっかりした登山靴に対して、重い荷物を背負っている彼女らの粗末なわら草履が目に付いて申し訳ない気持ちだった。でも彼女らにとってこれは貴重な現金収入源なのだろう。ここでは入山手続きが必要で、証明用写真やパスポートの写しなどを出して手続きをした。

夕食は早速コックさんの作ってくれたキャンプ料理、周りの雄大な景色を見ながら皆で円陣になって楽しくいただいた。夜はまったくの真っ暗闇の静寂、二人一組のテントではじめての夜、でもちゃんと眠れた。夜中に懐中電灯を手に外へ出て暗闇の中を簡易トイレの場所まで急いだ、ちょっと怖かったけれども上を見上げたら見たこともないような満天の星に思わず見惚れた。

朝はモーニングコールならぬテントノックでコックさんたちが朝食をテントまで運んでくれた、コーヒーとサンドイッチなどをお盆に乗せて。テントを出るとアンナプルナサウスの山が挨拶してくれるようだ。さあトレッキングスタート、かなり急な登りの階段などあったが楽しく歩いて無事キャンプ場へ到達

した。

　昼は野外でコックさんが調理してくれた、料理道具にしても
簡単な物しかないのに、あっという間にいろいろ用意してくれ
た。このときのゆで卵がなぜだかとてもおいしかったのを覚え
ている。また、ティータイムの休憩時には皆でおしゃべりしな
がら、コーヒーとお菓子までいただき疲れも取れてまた元気に
歩き出した。

　この日はけっこうきつい登り下りもあったが、川のせせらぎ
やのどかな棚田など見ながら、また、何と言ってもヒマラヤ連
峰の展望を楽しみながらの楽しいトレッキングだった。ネパー
ルの国花シャクナゲや椿の花が私たちの歩くあたりにも咲いて
いて疲れを癒してくれた。

　２日目のキャンプ、この最後の晩はおいしい夕食のご馳走に
手作りのケーキまでついて、私たちのために料理してくれた
コックさんたちに感謝した。夕食後みんなでキャンプファイ
ヤーをした。火を囲んで同行したシェルパたちも歌ったり、
踊ったりみんなで楽しんだ。二晩目、最後のキャンプは名残惜
しかった。

　３日目キャンプ最後の歩きはかなりきつかった、山々を横手
に見ながら急な石段を３時間も下ったりしてやっとポカラへ到
達した。翌日そこから国内線でカトマンズに戻り、市内を観光
した。ネパールの金閣寺と言われる金色に輝くゴールデン・テ
ンプルは入り口の門の天井にはめ込まれた石のマンダラが実に

精巧だった。その他いくつかの寺院、旧王宮などを見学、熱心にお祈りを捧げる現地の人々が何と多いのだろう。貧しそうだけど、信仰深いネパールの人々は幸せに見えた。

　また、ここで「クマリの館」という珍しい場所を見学した。これは女神クマリの化身、ネパール王国の守護神の生まれ変わりと信じられる少女が住んでいるところだ。少女は僧侶など家柄が正しく、聖性があり、身体的にも問題ないなどいくつもの条件を備えて選ばれた美しく利発な幼女で、初潮を迎えると交代するとか。

　その少女は9月の祭りの日にだけ山車に乗って街中をめぐるが、それ以外は一歩も館からは出ないで、普段は館内で人々の病気治癒や願望成就の祈願などを行っているとのこと。私も窓から顔を出しているクマリを見たが、何だかゴキゲン斜めのような顔だった。生き神様と称えられても親元を離れ、学校にも行かず、一人ポッチでかわいそうというか、何とも不思議なネパールだけの風習だ。

　早朝、エベレストに迫るヒマラヤ遊覧飛行へ。世界最高峰エベレストに接近し、山頂に手が届きそうな何とも不思議な感覚を覚えた。実は昨日もそうだったが、市内では水かけ祭りに出くわした。元々は豊作を祈願してのヒンドゥー教の春祭りで、インド、タイ、ミャンマーなどでも行われるとか、色水をかけ合うお祭りだ。子供たち、大人までも楽しそう、私たちはかけ合う色水をよけながら見物した。

　ネパールという国は素晴らしい自然に恵まれ、山岳関係の

人々の憧れの地ではあるが、庶民の暮らしは非常に貧しいようだ。私たちの出発の朝、世話をしてくれたシェルパたち何人かがホテルまで挨拶に来てくれた。私たちも前もってわかっていたので、新しいTシャツやもう使わないリュックなど山ほど集めて「持って行って」と差し出したが、彼らはとても喜んでくれた。

　ネパールへの旅。いろいろな意味で私にとって素晴らしい思い出となった（実はこの7年後、2015年にはネパールに大地震が発生した。訪ねたところや人々がどうなったか心痛み、わずかでもと復興への寄付をした）。

スペイン、フランス・ピレネー山脈

2008／7
hike・10日

ピレネー山脈　花のハイキング

ピレネー山脈は地質上アルプス山脈より古い地層からなっている。フランスとスペインの国境が走る山脈（北がフランス、南がスペイン）である。ほぼ東西に延びヨーロッパとイベリア半島を分ける山脈でもある。

花々に囲まれてのハイキング、それにアンドレ公国にも

ピレネーなんてどこにあるの、聞いたこともないという人々も多いだろう。

この山脈は西部はなだらかだが、中部から東は3000m級の峰が10以上ある。また、ここは巡礼地とも言われている。すぐそばに次に紹介するルルドがあり、サンティアゴ巡礼の通り道でもある。ともかく高い峰の山麓周辺、また森と泉、花畑など変化に富みハイキングコースに恵まれている。

ハイキングを始める前にフランスとスペインのちょうど国境辺にあるカトリック最大の巡礼地と言われるルルドの泉に立ち寄った。これには言い伝えの話がある。1858年14歳の少女の前に聖母が何回となく現れ、洞窟の岩下の水を飲むように、また洞窟の真上に聖堂を建てるようにと命じた。

少女は神父にそれを伝え、そこに小さい教会が建てられた。

ピレネー山脈が作り出すその洞窟からの水を飲んで不治の病が治ったとの話が伝わり、病を癒す奇跡の水と信じられた。この話はヨーロッパに広がり、それからここはカトリック最大の巡礼地になった。私たちが訪れたときも車イスやベッドで運ばれる病人などまで来ていた。

今は巡礼者だけでなく、私たちのような観光客も大勢訪れている。暗くなると皆手にろうそくを持って集まってきた。今も泉はこんこんと湧き続け、小さな教会は大聖堂となっている。神聖な泉の水を私も水筒に詰めて持ち帰り、飲んでみたがご利益は不明。

翌日から本格的ハイキング。まずピレネー国立公園最高峰のピニュマール山麓へ出発。リフトで登り目の前にその北壁が展望できる小屋まで5、6時間歩いて元の道に。

あくる日は壮大な氷河のカールであるガヴァルニーの峡谷歩き、カールとは氷河の浸食作用でえぐれた広い谷のこと。ここはビクトル・ユーゴーが「自然の円形劇場」と呼んだとか。山は氷河で深くえぐられ、本当に壁のように目前に迫ってくる。岸壁からはヨーロッパ最長の落差を誇る大滝が流れ落ち、見ていて圧倒された。こんなところを歩いたのははじめてだ。

花の名所と言われるアランの谷はまさに高山植物の宝庫で、水仙の大群落は「花に酔う」という感じだった。そこから色とりどりの花々の咲き乱れる美しい森や草原、湿原など歩いて行って雪解け水がたまる山上湖へとたどり着いた。素晴らしい

自然の中でお弁当を食べウキウキ気分で戻り始めるとあたりが急に暗くなり、降り出したヒョウやカミナリに怖い思いをした。しばらく木陰に退避していた。

ピレネー山脈中の小国**アンドラ公国**に入った。これは世界で5番目に小さい国とか。公国とは公、つまり貴族が支配する国のこと、他にもモナコ公国、リヒテンシュタイン公国などがある。ピレネー山脈の北と南、つまりフランス大統領とスペイン司教が共同で支配しているという。首都のあたりには観光スポットもあるとのことだが、私たちは周辺の静かな森や泉を眺めきれいな花々を楽しみながら古い石の橋を渡り緩やかな登り下りと歩き回った。

スキーリゾートとしても有名だとか。それまでこんな国があることも知らなかったし、まさかそこでハイキングするなどとは思いもしなかった。この国を知っている人、行ったことのある人は少ないと思う。今私は皆が知らないアンドラ公国の美しい自然の中を歩いているのだと誇らしげな気持ちで気分良く歩いた。

最後にバルセロナに入り、最終日は市内の観光を。ここではお決まりガウディのサグラダ・ファミリアを見学。写真では見ていたが、近くでその精密に施された彫刻の雄大な姿を見て改めて感動した。また、同じくガウディの作ったグエル公園にも行ってのんびり歩き回った。特に石作りの柱が支える回廊や広場のカラフルな色彩の波打つベンチなどに感嘆した。

☪ トルコ

夢とロマンのトルコ感動スペシャル

アジアとヨーロッパにまたがる悠久の歴史を持った国。東西文明
が入り混じり、世界遺産も18ある。「世界がもし一つの国だった
ら、その首都はイスタンブールである」とナポレオンが言うほど
トルコは魅力たっぷり。面積は日本の約2倍。

歴史の重みと自然の奇景に魅せられて

　紀元前15世紀ごろヒッタイト王国が建国され、それが東地
中海沿岸を支配した。4世紀末に東西分裂で「ビザンチン帝
国」（東ローマ帝国）へ、数々の戦争の後13世紀末には「オス
マントルコ帝国」へ。第一次大戦後トルコ革命がおこり、オ
スマン帝国を倒して1922年「トルコ共和国」が樹立された。
少数民族もかなり暮らしている。人口の99％はイスラム教徒
とのことだが、1923年には政教分離となり、キリスト教など
も入っている。トルコはなぜか神秘的とも思え、ぜひ訪れた
いと望んでいた国だった。

　まずイスタンブールに着きそこから国内線でカッパドキア
の近くへ。ここはトルコ観光の目玉ともいえる場所。トルコ
に観光で来た人は必ずここを訪れると言われるほど。古代火
山の噴火によって積み重なって溜まった溶岩や火山灰が長い
年月をかけて浸食されてできた奇岩群である。東京都がすっ

　ぽり入るくらいの広大さで、この世に二つとない自然が作り上げた奇岩——何メートルもの高さのキノコ型や、円錐型、円柱型などさまざまな形の奇岩が連なっている。

　これらはまさに圧巻で、地球の神秘を感じる。ここは「ギョレメ国立公園とカッパドキア岩窟群」として世界遺産に指定されている。ギョレメ（「見てはならない」という意味とか）地域には、数多くの洞窟教会が保存されて見事な壁画まで描かれている。現在それらは野外博物館で公開されている。ここにはまた地下都市まであって、4世紀ごろからキリスト教徒がイスラム教の圧迫を逃れるために巨大な奇岩に洞窟を掘ってそこに教会や聖堂を建て暮らしたという。

　これら壮大な奇景をこの目で見て、奇岩群の間を実際に歩き

ながら自然が彫り上げた技にただただ感動した。私たちが見て実際に歩いたのはそのごく一部だったけど、何か異世界に迷い込んだ感じだった。この後海外の国々でさまざまな自然の奇景を見るが、ここははじめて私が目にした奇景だったので自然の力に威圧され、とりわけ印象に強く残っている。

　次にやはり不思議な趣のある、まるで雪が積もっているかのように真っ白い石灰岩の温泉が広がるバムッカレへ。幾重もの白い岩棚が目の前に広がる光景は、これまた感動的だ。

　どうしてこんなものができたかと不思議だが、実は豊富なカルシウムと二酸化炭素を含む温流水が丘陵を流れ落ちる途中で石灰質だけが崖に残って、一面に真っ白の石灰棚となったそうだ。広大な温泉の一部分は中に入れるので私も靴を脱いで足をつけてみた、周りの奇景の中での何ともいえない足湯だった。

　エフェソスはかっては小アジア最大の都市として栄えた古代都市の遺跡が残っているところだ。当時の様子を伝えるさまざまな遺跡がここではとてもきれいに保存されている。神殿の跡、その入り口にあった門や体育館など、大きな図書館は正面部分がそびえているが、120万冊以上の蔵書があったとか。2000年も昔そんなに本が読まれたのかと感動した。これはアレクサンドリアなどと並ぶ古代世界三大図書館の一つとのこと。

　壮大な音楽堂は半円形になって、階段状の座席に座って古代に思いをはせた。先に自然の奇景に感嘆したが、この遺跡にも心奪われこの国の歴史の重みを感じた。

「トロイの木馬」で知られるトロイへやってきた。木馬が伝説の世界さながらに私たちを見下ろしていた。ここはホメロスの「トロイ戦争」の舞台として有名、ギリシャ神話でギリシャとトロイが10年戦争のとき、ギリシャ兵がこの中に入って敵を欺いたという。大人の身長の3倍近い大きな木馬は実際に中に入って窓から外を見下ろすと、神話の世界にいる気分だった。

　海峡を渡ってイスタンブールへ。現在の首都アンカラは政治の中心地だが、ここは文化や商業などあらゆる面での中心地だ。二千数百年もの歴史のトルコ第一の都市。見どころは多すぎてそのうちいくつかを2日間で回った。ブルーモスクは巨大ドームの周囲に6本もの尖塔が目立ち、内部装飾のブルーのタイルが非常に美しく、そこからついた名前だとか。こんな立派なイスラム教のモスクを見たのははじめてで感動した。また、トプカプ宮殿の宝物館には、目を見張るような宝石類が展示されていた。

　巨大ドームがそびえるアヤ・ソフィア大聖堂はローマ帝国時代にキリスト教会として建てられた。オスマントルコ時代にイスラム教のモスクに改修されたが、1935年には一つの宗派にしばられるよりはと博物館として公開された。さらに最近2020年7月またモスクに戻したことは日本でもニュースで話題になった。新聞の記事にも、実際に訪れたあの建物がと余計関心は深まり、一つの建物の変わりゆく歴史に思いをめぐらせた。

　また、地下宮殿と呼ばれているのは2000年ほど前に作られた大きな地下貯水池だ。イスタンブールの水供給の役割を果たし

てきた。現在水はほとんどないが、高さ10m近い柱が336本も立っている姿は幻想的だ。地下に降り中に入ってその間を縫って歩いていると何か夢の中のような気分だった。

　トルコの名産としてはトルココーヒー、トルコ絨毯、チューリップ、それにヨーグルトもここからブルガリアに伝わったとのこと。チューリップもオランダが有名だが、トルコが原産地でここからオランダに持ち込まれた由。咲いているのは時季外れで残念ながら見られなかったが、宮殿やモスクなどの内部にはこの花をモチーフにしたきれいな細密画やタイルモザイクが目立ち、実に見事だった。

　また、この国は日本とのつながりが深く、親日国である。今から130年ほど前にトルコの軍艦エトワール号が親善のために日本に来て、その帰途和歌山県串本町の沖合で猛烈な台風に遭い岩礁にぶつかって沈没した。

　600人近くが殉職したが、地元の村民は暴風の中を必死で捜査、介抱、亡くなった人々を手厚く葬った。このニュースは直ちにトルコに伝えられ、トルコの人々は日本に大変感謝したとか。

　時は経ってイラン・イラク戦争のとき、イラク上空の全航空機は撃墜するとのイラクの報に、イラクに取り残された日本人200人あまりをトルコ航空は自国民より先に日本へ送り届けてくれたという。恩返しとのことだが感謝である。

　トルコは何といってもアジアとヨーロッパにまたがる国で、

東西の文明を取りいれ、それに何より壮大な歴史の詰まった魅力たっぷりの国だ。訪れて本当に良かったと思う。今回訪れたのはトルコの西半分、いつか東側にも行ってみたいと思う。

██ ペルー

夢の「空中都市」へ
たっぷりマチュピチュ遺跡ペルー周遊の旅

ペルーは南米12ヶ国のうちブラジル、アルゼンチンに次いで3番目に大きな国。面積は日本の倍以上、しかし人口は1/4位。太平洋に面して細長く伸びていて、マチュピチュなど訪れた地はその北の方。

はるばる南米でインカ文明、ナスカ文明の偉大な遺跡を

　マチュピチュの写真を見て、こんなすごいところが実際にあるのだ。これはぜひこの目で見たいと思い切って訪れることにした。まず南米なんて足を踏み入れるのははじめてで、かなり遠いところだがそれだけに心ははずむ。

　アメリカのアトランタまで12時間、乗り継ぎでリマまで6時間と、そこから……とかなり遠い。太平洋に面したリマはペルーの首都で政治、経済の中心地である。ペルーの人口の約3分の1がここに暮らしているとか。

　リマから国内線でクスコへ、ここは11〜12世紀に建設されインカ帝国の都として栄えたところ、3360mの高地なので空港に着くと少しフラフラした。16世紀スペインの征服者たちはここを黄金の可能性が高いと信じて「インカ帝国」に脚を踏み入れ、200人足らずで黄金で彩られた神殿などを破壊して金銀を略奪

した。

　インカ帝国は一瞬にして崩壊してしまった。ここの太陽の神殿はインカが築いた精巧な石組みの上にスペイン風の建築が施されている。クスコの街を一望できる城砦にも行ってみた。インカ時代の数々の遺跡を回ってみて古代に夢をめぐらせた。

　さて、インカ遺跡のハイライト、マチュピチュのふもとの駅まではちょっとしゃれた「ビスタードーム」という登山列車に乗った。窓が上まで開き、また天井にも窓つきの展望列車だ、軽食のサービスまでついて外の景色を思う存分堪能できた。駅からはバスで遺跡入り口へ。さてマチュピチュ（老いた峰という意味）は世界七大不思議の一つ。尖った絶壁の山々がそびえる渓谷の山間に沿った山の尾根、そこに突如現れる石の都市。最初に目にして何という光景、ことばにはできない感動を覚えた。

　これは15世紀の古代インカ帝国の遺跡だ。麓からはその存在がわからないので「幻の空中都市」と言われている。半分近い斜面には段々畑が広がり、3000段もの階段でつながった斜面は神殿や宮殿、居住区などにわかれている。インカ王の時代建設が着手され80年ほど人々はそこに暮らしていたが、1532年スペインの征服で帝国は滅亡した。インカ人はさらに奥地へと消えて、その後1911年に発見されるまでここは400年以上人目に触れず、眠っていたという。

　その謎の多さと建築技術の精細さから「20世紀人類最大の発見」と呼ばれている。四角い洗い場のようなものが並んでいる

が、これは水くみ場で今も水が流れていた。最も高いあたりにある建物は太陽の神殿とされ、美しい曲線で隙間なく積まれた石組みと台形の３つの窓に感心した。なぜならその東の窓は冬至と夏至を正確に判断できるようになっているから。インカ帝国では太陽を神とし、建物も太陽を観測する目的のものが多い。

　神聖な広場も大きな石組みで造られている。最高地点にある日時計は石の柱の角が東西南北を指し、太陽暦を使用していたインカ人に種まきや収穫の日、祭りの日などを教えていたと言われる。大昔に彼らがそんな知識を持っていたのに感心した。

　さてマチュピチュ観光を済ませ、翌早朝に出発して次の目的地までバスで７時間走った、やはり南米は広い。アンデスの美しい山々を眺めながら、途中２、３ヵ所で止まった。アルパカ、リャマ、ビクーニャなどの珍しい動物とも会えたし、みんな写真を撮るのに夢中だった。古代インカの皇帝たちの墳墓が並ぶ遺跡にも寄った。そこは丘の上で、見下ろすと鏡のように穏やかで美しい水面の湖が見えた。

　お目当てのチチカカ湖はペルーの南部と**ボリビア**との国境に横たわる大きな湖、面積は琵琶湖の12倍とか。世界で古代湖として確認されている20のうちの一つで、そこではインカ時代から先住民が暮らしていたそうだ。汽船が通る世界一高所（3800m）の湖とか。大小41もの島があるが、それらは葦を積み上げた浮島である。

　そのうちの一つ、ウロス島に上陸した。土やコンクリの地面

と違い歩くとフワフワして気持ち良いような、でも沈んでしまいそうな感じ。そこに住んでいる先住民の人々の素朴な様子が微笑ましい。中央のあたりにはカラフルな民族衣装を着た女性たちが刺繍製品など土産物を売っていた。家も葦で作られていて、学校や役場なども浮島にあるとか。また、この湖をバルサというやはり葦で作った小舟で遊覧した。舟上から眺める光景は、強い日差しに真っ青の湖が映えてまた素晴らしかった。

　国内線でリマまで戻り、そこからバスでナスカに。果てしなく続くペルー南部の乾燥したナスカ平原には謎の地上絵がある。インカ文明時代よりもっと以前、紀元後800年間ほど栄えた古いナスカ文明の時代に描かれた。直線や幾何学図形、サル、コンドル、魚、虫、植物などさまざまな絵だ。

　まずはセスナ機に乗って上空から見下ろしてみた。上から見下ろすとそれらの絵がはっきり見える。300mにも及ぶという巨大な絵や放射状に広がる700本以上の直線がその昔一体どのように描かれたのか本当に不思議だ。溝のようにして描かれたさまざまな絵がよく消えなかったと感心する。

　そこの乾燥した大地をおおう酸化した黒石をどけると白っぽい地面が絵のラインになっているとのこと。何しろナスカの人々が高度の技術と絵心を持っていたことは事実だ。また、ここは乾燥地帯なので現在までも残っているのだろう。ここの地上絵の研究に一生を捧げた人が建てたという観察ヤグラにも実際に上って空からとは違い間近で見ることもできた。

　ペルーへの旅は見どころも多く、はるばる来ただけのことは

あった。ただ、ここは高度が高いところが多く、特にチチカカ湖近辺は海抜4000m近く、高山病にかかる人が何人も出た。「医師同行」と銘打ったツアーだったので、日本から医師が同行すると思っていた。ところが実際は高地だけ現地の医師が同行、でも彼はスペイン語、英語だけしかしゃべれない。それで私は他のメンバーたちから通訳を頼まれて次から次にと忙しかった。でもそのおかげで私自身は高山病にかかる暇はなかった。

🇨🇦 カナダ

5大紅葉紀行　紅葉列車とメープル街道

カナダは何といっても広大な国。ロシアに次いで世界で二番目に広い、日本の25倍ほど。ところが人口は世界で39番目、世界11位の日本の三分の一程度と信じられないほど少ない。北のかなりの部分は寒くて人も住めないような地なのだ。

見事な紅葉に酔いしれて

　カナダの紅葉は素晴らしいと聞いて、またまた私は欲が出て出かけていった。カナダは前にも訪れたが秋ではなかったので、今回は紅葉をお目当てに。ちなみにカナダへの旅はほとんどナイアガラが含まれているが、私は留学時にナイアガラの近くに泊まり、滝はたっぷり見物しているのでナイアガラが入ってない旅を選んだ。この旅は「ナイアガラに行かない分、5大"紅葉名所"じっくり観光」と銘打っていた。

　最初に訪れたカナダのかなり西部に位置するモントリオールは「北米のパリ」とも呼ばれるように、フランスからの移民が多く、フランス的雰囲気が濃かった。北米最大の豪華なノートルダム聖堂、その他礼拝堂、修道院など市内を観光した。翌日は世界遺産の城砦都市ケベックへ、ここでも聖堂や公園など市内観光をしたが、早速見晴らしの良い場所で紅葉を楽しんだ。カナダは英語とフランス語が公用語だが、両都市を含むケベッ

ク州では主にフランス語が使われている。

　ケベックの街ではちょうどハロウィンのお祭りで至るところにカボチャが飾られていて、なんかとてもかわいらしい感じがした。ここにあるモンモランシーの滝は何とも豪快だった、ナイアガラほど幅はないが高さがすごく、落差はこちらのほうが大きいので、それだけ迫力が満点。山の斜面を崖の上までエレベーターがあって、それに乗って登り、上からも眺めたが、そこからの光景はまた別格だった。

　次に紅葉街道をバスで走ってローレンシャン高原に、ここは世界最大級の紅葉名所で、「メープル街道」随一の美しさと言われている。広大な林の紅葉と湖沼のコントラストが何ともいえず見事だった。現地のナチュラル・ガイド同行で、紅葉の仕組み、メープルの葉の話などいろいろ説明を聞きながら紅葉に染まるモンロー湖を望む展望台まで歩いた。これは本当に楽しいハイキングだった。

　午後は自由行動だったので一人で歩き回った。ゴンドラに乗ってトレンブラン山へ、ここは1000mもない山だけれども周辺では最も高く、山頂の展望台からは今までに見たこともない、燃えるような真っ赤な景色が広がっていて興奮するほど。帰りはたまたまスイスから来たというお嬢さん二人と一緒になっておしゃべりをしながら歩いて降りて行った。紅葉の森に囲まれたかわいい街並みは楽しく、お店を次々に覗いたりしながらゆっくりと歩いた。また、かわいらしいレストランで一緒に食事をいただいたが、料理はとてもおいしく楽しい夕べだった。

アルゴンキン高原はカナダで最も古い州立公園、ここでもまたナチュラル・ガイドの説明を聞きながら一面に広がる素晴らしい紅葉の間を縫うように歩いた。少し登った展望台からは25kmも先まで見えるとか、眼下に色とりどりのメープルの森が広がっていた。カナダのもみじは赤だけでなく、黄葉も見事だった。道路をバスで走っているとムースなどの動物にも遭遇した。

　別れを告げるのは惜しかったが、景色を眺めながら紅葉列車で3時間半ばかり走ってトロントへと戻った。この「紅葉列車」は窓の両側に紅葉が広がり、ルックアウト展望台もついていた。車窓からも深紅に染まる紅葉名所を楽しめて、最後の最後まで紅葉尽くしだった。カナダは広いだけあって列車の車列の長いこと、曲がるところなど窓から見ていて実感した。

オーストラリア

タスマニア・Cradle Mountain ハイキング

タスマニアとはオーストラリアの南の島、1万年以前に気温上昇で海面が上がり、オーストラリアと分断した島と言われている。オーストラリアの一部でタスマニア州である。

手つかずの素晴らしい自然にあふれた小さい島

　実はオーストラリアには島が8000以上あるが、中でもひと際大きく有名なのがタスマニアだ。ここは北海道より一回り小さいがその4分の1が太古からの地球の歴史を残している原生林で国立公園となっている。

　リンゴのような形をしているので「リンゴ島」の愛称もある。半分は山岳地帯で、手付かずの自然が残り、独特の生態系を持つことで知られている。「世界一空気がおいしい場所」と国連にも認定されているように水と空気がおいしいと言われている。それにここは神秘的な自然美にあふれ、島の20％以上が世界遺産で、山と湖、深い樹林など、豊かな手付かずの自然が残っている。そんなところならぜひ行ってみたいと思った。

　タスマニアは素晴らしい自然に恵まれているが、歴史的には悲しい成り立ちがある。19世紀にイギリスから植民が始まったが、入ってきたのは流刑囚と看守たちで、先住民との間に激しい衝突を繰り返し、先住民は移住したりして結局は絶滅してし

まった。囚人たちは労働力として使われ、そのおかげで牧畜業などが発展した。これはオーストラリア本土も同じである。先住民の生活様式などを伝える博物館がいくつも残っている。

　ハイキングをする前に、まずは歴史の街リッチモンドを訪れた。ここにはオーストラリア最古のリッチモンド石橋や、教会、入植当時の建物の遺跡などがあってそれらを観光した。立派な石橋は1820年囚人たちによって作られ、それによって人々の行き来も頻繁になり、この街も発展した。

　ただ、その後新しい道路が建設されるとこのあたりは交通も減り発展も止まった。ということでリッチモンドは1800年代の街並みがそのまま残っている、まるでタイムスリップしたように。

　マウント・フィールド国立公園は苔生した豊かな原生林で、数多いタスマニアの滝の中でも人気のラッセル滝を見に行った。確かにここで滝が岩肌に薄くかかって落ちる様子は何とも素晴らしかった。また、世界最高と言われる高さのユーカリの巨木群があり、ユーカリの香りに包まれてそれら高木の間を周りの景色を眺めながら歩くのはとても気持ち良く、ぜいたくな気分だった。

　クレイドル山・セントクレア湖国立公園へ入るとその中央にはビジター・センターがあって、そこには立派なロッジやホテルが整備されている。そのロッジに３泊したが、一人ずつの山小屋風なキャビンで、部屋には暖炉がついていて、目の前には緑に囲まれた小さい湖が輝いていて素晴らしい眺めだ、こんなところに泊まれただけでも嬉しい。

　また、ここからシャトルバスが各方面に出ている。クレイド

2009.12.14

ル・マウンテンはオーストラリアで最も壮大な山、クレイドルは
「ゆりかご」の意味。山の形がゆりかごに赤ちゃんが寝ている
姿に似ているからついた名前と言われている。そう言われれば
そう見えなくはない、確かにこの特異な山の姿は忘れられない。

　自然動物園ではこの地固有のタスマニアデビルをはじめて見
た。デビル（悪魔）などという怖い名前とは似つかわしくなく、
中型犬位の大きさで何とも可愛い。恐ろしい名前をつけられて
かわいそう！

　また、別の日はクレーター湖方面へのハイキングに出かけた。
前日訪れたダブ湖とクレーター湖の間の尾根に位置する展望台
へ上がった。そこは二つの湖が一緒に眺められる絶好の場所
だった。また、クレイドル山の魅力を世界に伝えた人が住んで

いたという山小屋にも寄って内部を見学した。

　何といってもキングビリーハイキングは素晴らしかった。このコースは私たちが泊まったロッジの所有地内にあって、キングビリーパイン（松の一種）の高樹齢の背の高い樹林が続いている。その間を歩いていくと突如クレイドルの山々の展望が広がってくる。コースのほとんどは木道で歩きやすく、両側の松の樹林からふくよかな香りがしてとても気持ち良かった。

　行きに一つハプニングがあった。シドニー空港で乗り換えの便を待っている間、どういうわけか空港の警察犬が私のスーツケースの周りをぐるぐる歩き回った。麻薬か何か入っていると知らせるかのように。別に怪しいものもないけど気になった。すると女性の係の人が来て何か食べ物が入っているかと聞いた。たまたま家にあったカチグリを入れてきたので、その旨を伝えた。彼女は「けっこうです」と戻ったが、後日犬を飼っている人から犬は栗が大好きだと聞いて納得した。

🇫🇷 南フランス

2010／3
hike・9日

南仏プロバンス・大自然ハイキング

南仏はフランスの中でも地中海に面した景勝地が連なる特別な地域。東はイタリアと国境を接し、南は地中海に沿って、1年のうち300日は晴れるという澄み切った青空のプロバンス地方、コート・ダジュールは、世界中から観光客が集まる人気のリゾート地。

魅力たっぷりなプロバンス地方を歩いて

そんな素敵なところをハイキングでめぐるなんて素晴らしい旅。

まずニースからメルカントール国立公園に、ここはコートダジュールのアルプスと言われ、3000m級の山がいくつもある。紺碧の海という南仏のイメージとは一味違った景色だ。

川と渓谷に挟まれたカーブの多い細い道を歩いて行った。小さい紫色のユキノシタや薄い緑のクリスマスローズなどが咲き誇り、また帰り渓谷沿いの細い道にはアーモンドの木が並び、白い花がたくさん咲いて目を楽しませてくれた。丘の上の小さい村々は「鷲の巣村」と呼ばれている。中世イスラム教の攻撃を避けるためとか、高台のためにかってここが要塞の役も果たしたからとも言われている。

レステレル山塊ハイキングでは地中海を見ながら舗装されたゆるやかな登り坂をしばらく歩くと山道になり、流紋岩とかの

赤っぽい火山岩の奇岩群が道の両脇にゴロゴロしている。岩山を巻いてその尾根のところで昼食をとった。ハイキングでの昼食はホテルで作ってくれるボックス・ランチ、たいていサンドイッチ、チーズ、リンゴなどの果物、小さいデザートに飲み物程度だけど疲れた後ではとてもおいしい。

　また、別の日にはニーチェの道を歩いた。先に記した「鷲の巣村」の一つエズ村は海から垂直に切り立つ崖の上のかわいい村で絵本の世界に迷い込んだようだ。

　そこから「ニーチェの散歩道」を通って石灰岩で滑りやすい急な坂道を地中海へと下って行った。ニーチェが『ツァラトゥストラかく語りき』の構想を練ったのがこの道を歩きながらと言われている。偉い哲学者がむずかしい問題を考えながら歩いた同じ道を私も今歩いているのだと感無量だった。

　サント・ビクトール山展望ハイキングも素敵だった。セザンヌが愛したこの山は全長18km。この地方特有の石灰質で、見る時間、季節、場所によってまったく異なった美しさを見せるとか。彼の家の近くからよく見え、この山は彼を魅了して彼の何枚もの画材となった。坂道を上り、彼が題材にもよく使ったという大きな石切り場を見てから林の中を歩いた。ダムと山がよく見える高台で昼食をとった。ハイキングの後セザンヌのアトリエにも入場。果物などの画材が描かれた通り置かれていて彼を身近に感じた。セザンヌは円熟期のほとんどをここプロバンスで一人制作に打ち込んだそうだ。

また、地中海を眺めながらのカランク・ハイキングも素晴らしかった。カランク（入り江）とは石灰岩の断崖絶壁に囲まれた入江のこと、まさに自然が生み出した美しい風景だった。20kmも続く海岸線の崖の下は神秘的な美しい入り江になっている。ヨーロッパで最も高いと言われている断崖絶壁の岬を見上げながら、クルーズ船が浮かんでいる入り江に沿ったハイキングコースを７kmほど歩いた。白い岩肌と地中海の青のコントラストが素晴らしかった。

2010/03/28

　最後にマルセイユを観光し、名物のブイヤベースを堪能し、またプロバンスの奥のほうの美しい村めぐりを楽しんだ。この地域でのハイキングの現地ガイドは二人で、先頭のガイドは日

本語もわかり日本人といろいろ話をしていたが、最後尾のガイ
ドは日本語がわからずに一人黙々と歩いていた。何か気の毒に
なって、私がちょっと英語で話しかけると、すごく喜んでいろ
いろと話してきて日本のこと、食べ物などについても話がはず
んだ。

　なお、この旅で印象に残ったことがあった。一組のご夫婦がダ
ウン症と思われる息子さん（20歳くらい）を連れてこられていた。
彼は気立てもよくおしゃべり好きで、元気に歩いていた。皆も
「……ちゃん」と呼びながら並んでおしゃべりしながら歩いた。

　私も彼と一緒に歩いたことがあった。大きくなったらお茶屋
さんとかお花屋さんの仕事がしたいなどと言っていた。皆が彼
とまったく普通に接していて、これはとても微笑ましかった。
父親はカメラを2台も抱えて写真を撮っていたが、後日私のと
ころへも素晴らしい写真をたくさん送ってくださった。

🇺🇸 アメリカ

3大美景国立公園（NP）めぐり

アメリカは広いだけあって国立公園の数もとても多い。アメリカは世界ではじめて国立公園制度をとった国。大自然はアメリカの宝と考えられている。自然を保護しながら、そこを訪れる人がその土地特有の自然を楽しめるように管理している。

自然の奇景の迫力に圧倒されて

アメリカの国立公園については、最も有名なグランド・キャニオンやヨセミテなどは以前すでに訪れていたが、今回はいずれも私にははじめての国立公園だ。

自然によって彫刻された不思議というような造形物を見て歩くという旅は何と魅力的な企画、ぜひ参加したいと思った。最初にイエローストーン、国立公園としては珍しいカラフルな景観を、次にアーチーズ国立公園、名前通り弓型の巨岩が続く奇景を、最後にキャニオンランズ国立公園を訪れる。

イエローストーンに行く前に近くのグランドティトン国立公園を訪れた、ここは昔の映画『シェーン』でも有名なところ。グランドティトンの雄大な山々に囲まれた青く湖面が輝く湖がいくつもあって素晴らしい自然だ。スネークリバー（文字通り蛇のようにくねくねしている）が20kmほど続いている。その静かな流れをボートに乗っての川下りをゆっくりと楽しんだ。

川から眺める山々の風景もまた格別だった。

　そこからバスでイエローストーンに行く途中、黄色く染まったイエローストーン大渓谷が見えた。そこは壮大で、300mもの深さがあり実に堂々としていてその姿に息をのむほど。また、車窓から眺めた草原には野生動物が最もよく見えるところとか、バッファロー（大型の野牛）、エルク（ヘラ鹿）、川にはペリカンなどが見られた。

　さて、イエローストーンと言えば、アメリカで最も人気のある観光地。私もずっと以前から名前は聞いていて、いつかぜひ訪れたいと思っていた場所だ。この名前の由来は前に見た黄色く染まった大渓谷からついたと言われているが、そこから流れ出た水の壮大な景色は圧巻だ。何しろ四国の半分くらいの広い国立公園とか。世界における自然保護の原点から1872年に世界ではじめて国立公園となり、また世界遺産としても1978年、初年度に第1号として認定された。

　確かに地質学上もワンダーランド（不思議な国、素晴らしいところ）と言われている。64万年も前の超巨大な噴火でできたカルデラ（凹地）を中心にあちこちで間欠泉が噴き上がっている。その数1万ヵ所以上とか。今もまだ地下にマグマがたまっているのでいつ火山の大噴火があるかもしれないそうだ。

　広大な敷地には地球上の約半分の温泉が、また3分の2の間欠泉があるとのこと。温泉とはいえ90度近く、とても入れる温泉ではない。ここでは2連泊し、この自然の織り成す不思議な場所をゆっくりと歩き回ることができた。

ここにはいろいろと面白い名前のついた名所がある。神秘的な姿の「モーニング・グローリー・プール」は名前の通り朝顔の形に似ているすり鉢型の温泉プール、もちろん高温で中には入れない。中央は真っ青、周辺はグラデーションになって見事だ。「オールド・フェイスフル・ガイザー」は世界で最大級なガイザー（間欠泉）で、100年間以上ずっと80分間隔で30から50mの高さに規則正しく噴出している。名前の通りフェイスフル（忠実）に一定の間隔を保っている。次の噴出の時間が掲示されるので、その間はトレイルを歩いたりして待っていた。これはまさに圧巻で、間近で見て感激した。
「ミッド・ガイザー・ベイズン」は中ほどがベイズン（たらい）型の間欠泉である。「マンモス・ホット・スプリング」も名前通り巨大な温泉だが、きわめて異様な形だ。流れ出る温泉に含まれる石灰分が長い年月の間に溜まり幾重にも重なって段丘になって白い岩肌を見せていた。「ファウンテン・ペイント・ポット」は熱い水の現象で真っ青に透き通ったアルカリ性の温泉。枯れ木が化石化しているのが見える。
　これらの名前はそれぞれの間欠泉の様相をよく表していて、よくつけたものと感心した。はじめて見たこんな奇景はこの世のものとは思われないほどで、その間を縫って歩いているとまるで地球外の世界にいるような感じがした。ともかくこんなすごい景色を見られたことに感謝した。
　帰りバスでの移動中も途中でバイソン（巨大な牛）がのそのそ歩いていて車が渋滞してしまい、ホテル到着がとても遅く

なった。バイソンは前史時代からこのあたりに棲み着き、かなり多くの数がいたけど、ヨーロッパから人々が入ってきて食肉としたので、どんどん減ってきた。現在、野生のバッファローの群れが見られるのはイエローストーンあたりだけとのこと。

次のアーチーズ国立公園まで、広いアメリカをバスで10時間ほど南へと走った。ここにはアーチ（弓）形をした赤っぽい自然の砂岩が世界一密集して形づくった奇岩が何と2000もあるという。このあたり6500万年前は海底だったが、それがゆっくり隆起、膨張、伸縮して風化されたものとか。

訪れたいくつかの場所には、やはりそれぞれの様相を示すような名前がついていた。「ウインドウ地域」ではアーチの下を

くぐって向こうの広々した景色が見える、確かに大きな窓のようだ。「ダブル・アーチ」は二重になっているし、「バランス・ロック」はよく倒れないと感心するようなひょろ長い岩がバランスを保っている。

「デビルズ・ガーデン」悪魔の庭という地域には狭い岩盤が集中して、不思議な形の岩がごろごろしている。ここには北米で最も長くつながっている岩壁がある。その奇岩に沿って歩きながら自然の威力にただ感心した。ここの「ランドスケープ・アーチ」景色の良く見える展望アーチは北米で最も長い自然のアーチで100m近いけど、厚みはかなり薄く、よくこの形で崩れないで持ちこたえていると感心した。

　このあたりの気温はかなり高くて、汗をかきながらこれら信じられないような奇岩の間を歩き回った。イエローストーンでもその奇景の間を歩きながら、何かこの世のものでない、まるで別世界という感じがしたが、このアーチーズ公園でも同じ感じがした。それまでに見たことのないような赤茶色の世界、そこに不思議な弓型をした岩々、同じ地球上にもこんな変わった自然があるのかと感嘆した。

　最後にキャニオンランズ国立公園を訪れた。ここは700万年も昔ロッキー山脈が誕生し、これが水源のコロラド川とグリーン川が地面を削ってできた峡谷で、「天空の島」と名付けられている。ここも広大な隆起活動で断層が生じて、後に氷河期を経て浸食によるＵ字型渓谷ができたという。まるでグランド・キャニオンのようだ。

デッドホース・ポイント州立公園はコロラド川の浸食でできた石灰岩層で、周囲の断崖は600mもある。「死んだ馬」なんて奇妙な名前は、昔馬を追い込んで捕まえようとしたとき馬がここから転落して死んだことからとのこと。展望台は一面が見晴らせる絶景の場所で、そこまで登って行って岩の上に腰かけた。そこからはコロラド川がU字型に蛇行しているのが見られたし、切り立った断崖とともに目の前に自然の素晴らしい景観が望めた。

　この旅は自然の「３美景めぐり」という名前がついていたが、それよりまさに「３奇景めぐり」だったが、それだけにその異様さと見事さに堪能した。ことばでは表現しつくせない。

　最後ソートレイクシティで自由時間。ここはアメリカ留学時の旅行でも訪れていて二度目だったが、ちょうど半世紀前のことでちょっと懐かしかった。まずはモルモン教会へ行ってみた。ここは何といっても宗教都市、住民の６割がモルモン教の信者だという。内部は前回じっくり見たので今回は敷地内をゆっくり回った。

南アフリカ、
ジンバブエ共和国

南部アフリカ　花と絶景の旅

アフリカ大陸には54の独立国がある。アフリカは人類発祥の地で、人々はそこから世界中に散らばっていったと言われている。ヨハネスブルグ北部辺りが人類の最初に住んだ場所と考えられている。

はるか遠く自然の素晴らしい絶景と野生動物たち

アフリカなんてすごく遠い感じがする。そんなところにはじめて行くなんて、でもどんなところか興味津々。特に心配もせずに出発してしまった。人類の共通先祖が存在していたアフリカに行くのだというちょっと高揚した気分だった。

遠いところという印象は心理的だけでなく、現実に距離的にも遠かった。香港、ヨハネスブルクと乗り換えてジンバブエのビクトリアフォールズ空港へ、飛行時間は19時間。

ちょっと休憩後ジンバブエ側からビクトリアの滝を見学した。この滝は北米ナイアガラ、南米イグアスと並ぶ世界3大瀑布の一つで水量は世界一、古くから「雷鳴のとどろく水煙」という意味の呼び名がついていたとか。確かに轟音とともに水しぶきが激しく舞い上がり圧倒された。

そこから国内線でヨハネスブルグまで飛んで花の街と称され

るプレトリアへ。紫色のジャカランタは実に見事にあちこちで咲きみだれていた。何とも形容しがたいきれいな紫の色で彩られた街並みは本当にうっとりするように見事だった。実はこの花が見たくてアフリカに行くならこのシーズンにと選んだが、ジャカランタはちょうど満開で心から堪能できた。

プレトリアは南アフリカの首都。各国の大使館、行政官庁などが集まって立派な建物が並んでいた。また、ある通りは役人たちの邸宅だろうか、日本でも珍しいほどの豪邸が立ち並び、門番までたむろしていた。アフリカと言えば貧しさが思い浮かぶけれどもこのような立派な街並みにちょっと違和感を覚えた。ただ、黒人居住区はひどいだろうなと格差をめぐらせた。

クルーガー国立公園は約2万km^{2}にも及ぶとか。日本の四国ほどの広さで、自然の中で野生動物に出会えるところだ。私たちはクルーガーゲイトというすぐ近くのロッジに泊まり、翌朝早くに出かけた。早朝は動物や鳥がよく見られるという理由で。

終日サファリツアーに参加した。オープンカーに乗って、ドライバーとガイドが説明、案内してくれた。公園に入ってすぐにトラが樹上で生き物を食べているところに出会い、驚いたけれども自然な実体をそのまま間近に見て感動した。

ライオンたちがあちらこちらでゆったりと寝そべっている姿もここだからこそ、いかにも自然な姿だった。その他アフリカ象、ヒヒ、カバ、ヒョウ、サイ、シカなど哺乳類は150種近くいるとか。また、鳥類、爬虫類なども無数というほどいるよう

だ。ここはまさに彼らの楽園で、固有の樹々も大切に保護されている。アフリカだからこそ出会えた大自然の中での野生の動物たち、驚いたり感動したりの素晴らしい一日だった。

2010.10.22

国内線で南アフリカ発祥の地ケープタウンへたどり着いた。アフリカ大陸最南西の端、喜望峰は大西洋とインド洋が出会う岬、東西の交差点だ。日本からはるばる遠いこんなところまで80歳近くになって来られたことに自分自身感嘆し、また感謝した。

一番先端のケープポイントからケーブルカーで頂上へ上ると、眼下に壮大な喜望峰が見えた。岬一帯は緑豊かな自然公園になっていた。近くのビーチにはアフリカだけに生息する小さな

ケープペンギンたちが青い海をバックにゆったりたたずんでいて何ともかわいかった。

ケープタウンから少し離れた島は、ネルソン・マンデラが国家反逆罪で終身刑を宣告され27年の獄中生活のうち18年の間収容されていた場所だとガイドが指さした。彼はアフリカ民主化の先駆者で、アパルトヘイト（人種隔離体制）反対を唱えて戦い続けた。釈放されて5年後に彼は大統領に就任、民主化を進め、彼のおかげで南アフリカは340年もの白人支配に終止符を打った。ノーベル平和賞も授与された。実際に島を見て話を聞いて改めて彼の偉業に感動した。

また、カーステンボッシュ国立植物園は広大な土地にアフリカ固有の樹木や植物が集められている。南アフリカの国花であるプロテアという大きな花は素晴らしい。100種類もあるとか見事に咲き乱れていた。高い木がないので広い園内の色鮮やかなお花畑が一望できて、自由に歩き回って花々を愛でた、いつまでもいたいほど。サボテン園には人の背を超えるような巨大サボテンをはじめ種々のサボテンが珍しかった。

アフリカはともかく遠かったけれど、それだけに素晴らしい絶景を目にし、また大自然の中での野生動物や珍しいきれいな花々に出会えてとても感動的な旅だった。遠くまで行ったかいがあった、思い切って行って本当に良かったと思う。

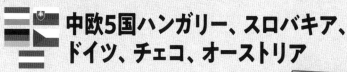

中欧5国ハンガリー、スロバキア、ドイツ、チェコ、オーストリア

2010/12
10日

いたれりつくせり5ヶ国周遊

中欧とは西欧と東欧（ウクライナ、ルーマニアなど）の中間地帯を指す。中欧には今回訪れた5ヶ国の他、ポーランド、スイスなども含まれる。この5ヶ国のうちドイツ、オーストリア以外は冷戦時代はソ連体制下にあったが、1991年そこから脱却し共和国となった。

5ヶ国それぞれの魅力を味わって

　これは一回の旅行で5つもの国をめぐるというずいぶん欲張りなツアーだが、いろいろなところに行ってみたいという欲張りな私にはうってつけだ。

　ハンガリーは7つもの国境に接している内陸国で、面積は日本の4分の1程度である。一時期は大国として周辺の国々を支配したが、その後オーストリア帝国から独立しようと革命を起こしたが失敗し、最終的には1990年に社会主義政権に終止符を打った。音楽の好きな私はリストの国として真っ先に思い浮かんだ。まずは首都ブダペストへ、ここは「ドナウの真珠」とも言われる美しい水の都だ。

　ドナウ川は巾広く、街の中央を南北に流れている。西側のブダは王宮など歴史的建築物が多く、東側のペストは近代的な美

しい街並みが広がっている。街の中心部には4つのきれいな橋がかかっているが中でも鎖橋が有名だ。

　ブダ側の丘の上にある王宮はドナウ川を見下ろし、13世紀にはじめて建設されたが、以後戦争などで何度も打撃を受け、現在見られるのは第二次大戦後に再建されたとのこと。

　王宮の丘を囲む城壁の一部、漁夫の砦に入場した。このあたりは以前漁業を行う漁夫が守っていたのでこの名前がついたとのこと。いくつもの円塔や回廊があり、真っ白の外壁と尖塔が美しい。ここはドナウ川の対岸を見下ろせる絶好の場所で、私もその展望を楽しんだ。

　夜はロマンティックなドナウ河ナイトクルーズを楽しんだ。船上からライトアップされた鎖橋は橋に掛かる電球がくさりの

ように輝いて、また丘の上の王宮もライトアップされてとても
見事だった。

　スロバキアは５つの国の中でも最も小さい国、日本の８分の
１くらい。国土の東西を山脈が走る山岳国である。かつてチェ
コスロバキアという国があった。それが1993年にチェコから分
離して独立した、流血など伴わず平和な分離だったとのこと。
ただ、歴史を通じて長いことハンガリーの支配下にあった。
　さて、私たちが首都・プラチスラバでバスを降りるとき、気
温マイナス17度との標識を見てバスを降りるのをちゅうちょし
てしまうほどだった。それでも寒い中市内観光をした。教会は
街で最大のゴシック建築とかで高い塔が目を引いた。小高い丘
の上の古いどっしりした城は、現在内部は博物館になっていた。
　ただ、外は雪一面で、歩くのに雪道を滑らないように気を付
けるのに苦労した。ここは自然も美しく街並みも素敵と言われ
ているが、何しろ寒くてゆっくりしていられなかった。

　チェコは東西にやや長い国土で、北はポーランド、東はスロ
バキア、南はオーストリア、西はドイツと接している。ここで
もまず首都プラハを訪れた。ここはヨーロッパで最も中世の雰
囲気が感じられる街と言われている。モーツアルトが最も愛し
た街でもあり、スメタナが作曲した交響詩『わが祖国』は、祖
国の歴史や風景が描写されて、特に２番の「モルダウ」は有名
だ。その他ドヴォルザークなども生み出したプラハは音楽の都

でもある。

　ここではロマネスクからあらゆる建築様式の建築物を見ることができる。プラハ城に入場したが、敷地内には旧王宮や宮殿などが建っていて、大聖堂の内部のステンドグラスは実に美しい。モルダウ河のカレル橋はカレル4世の時代15世紀はじめに完成したゴシック様式の橋で、幅も広いが500m以上の長さで両側の欄干に聖人像が30体も並んでいる。こんな橋ははじめて見たが、きわめて珍しいのではないだろうか。大勢の人々と一緒にこの橋を渡ってみたが、橋の上は観光客でにぎわっていた。

　郊外のチェスキー・クルムロフは実に美しい街で世界遺産に登録されている。旧市街の街並みには細い路地が入り組み、大小さまざまな美しい家屋が入り組んで中世の雰囲気をそのまま

残している。この街を自由に歩き回って楽しんだ。崖の上には城があってこの市街を見下ろしている、さまざまな様式の建築が混ざりあってできた大きな古い城だ。

ドイツは日本より少し小さい国土だが、これら5国の中では最も大きい。その広い国土に見どころはいくつもあるが、今回はチェコに近い南東の端、かつてのザクセン王国の首都ドレスデンとマイセンだけ。ドレスデンは第二次世界大戦で完全に破壊されたが、修復作業で往時の芸術と文化の都の姿をかなり取り戻している。

まずはドイツ・バロック建築の傑作である宮殿に入場。広大な敷地に建ち、内部は美術館、武器博物館、陶磁器コレクションなどさまざまな博物館になっている。とてもすべては見切れないが美術館ではラファエロ、フェルメール、レンブラントなどをじっくり楽しめた。

その後、マイセンへ行き有名なマイセン磁器工房を訪れ、職人の仕事ぶりも見学した。また、磁器博物館には3000点とかの磁器コレクションがあり、真っ白の豪華な磁器は見ているだけでため息が出そう。あまり見事でお土産にどれかと思ったけれども高額過ぎてあきらめた。

オーストリアも見どころはたくさん。まずザルツブルクへ。ここは塩の貿易で栄えた都である。まずモーツアルトの生家に入場した。彼が生まれた4階の部屋は博物館になっていて直筆

の楽譜や使用した楽器などが飾られていた。ここであの素晴らしい名曲の数々が生まれたかと感無量。ミラベル宮殿の庭園も見学したが、ここは噴水や彫刻などでとても美しい庭だった。

　その後、ハルシュタットへ。ここは深い藍色の水をたたえる湖の畔にたたずんでいる美しい街で、湖に沿って歩いたがとても気持ち良かった。世界で最も美しい湖岸の街と称えられる街並みが湖面に映えて、何しろ水がすごく透明なので余計に気持ち良い。なお、ここには世界最古の岩塩鉱があり、古くから塩の採掘が行われた。湖畔のお土産屋さんで小さな塩のお土産を買った。

　芸術の都ウイーンではまずシェーンブルーン宮殿へ入場、ここはハプスブルグ家の夏の宮殿として建てられ、外壁は黄色で統一されている。部屋の総数が1400とか、ガイドの案内人に従ってそのごく一部を見学した。内部の装飾、シャンデリアや漆喰の金箔などまばゆいばかり。きれいに手入れされた庭園の広さも驚くばかりだ。

　美術史博物館は建物自体も宮殿のような豪華さで、『バベルの塔』や『雪中の狩人』などブリューゲルの作品をはじめ有名な名画を何点も見られて感動した。ハプスブルグ家が居城としてきた王宮やオペラ座は建物を外部から見ただけ、オペラ座ではいつかここで本物のオペラを鑑賞したいと思った。夜はクアサロンというコンサートホールでヨハン・シュトラウスやモーツアルトの音楽を鑑賞し、オーストリアに来ていることを実感した。

ちょうど時期が12月で街々はどこもクリスマス・マーケットでにぎやかに装われていた。これはドイツが始まりだったというが、他の中欧諸国、今回すべての街で見ることができた。各街の広場には大きなクリスマスツリーに色とりどりの飾り物がついて、明るくライトアップされていた。夜店もたくさん出ていて、食べ物やお土産、クリスマスの飾り物など売っていた。

　何より集まっている多くの人々の陽気で楽しそうなこと、わあわあと騒いで喜んでいる。

　このときの旅は一回だけだったが友人と一緒だった。欲張った５ヶ国のツアーだったが、同じ中欧といってもそれぞれの国には独自な雰囲気も感じられ、満喫できた旅だった。

パタゴニア
（チリ、アルゼンチン）

2011／2
hike・14日

パタゴニア絶景ハイキング

パタゴニアとは国の名前ではない。南米大陸は12の国と地域で構成されていて、その中を世界最長のアンデス山脈が通り、チリとアルゼンチンを東西に分断している。両国内の南緯40度より南の地域がパタゴニアである。ここは世界で最も美しい大地と言われている。

地の果ての絶景、 原始の残る大自然

　ここは何十ヵ所も訪れた海外の中でも最も印象に残るところの一つ。何しろ「地の果て」であり、「世界で最も美しい大地」と言われているところだから。日本からはちょうど地球の真裏にあたる。成田を出て北米アトランタまで12時間、さらにブエノスアイレスまで10時間、待ち時間6時間、カラファテまで3時間とたどり着くまでで疲れてしまいそうな長旅である。

　80歳近くなってよくそんな辺境まで挑戦したものと自分ながら感心する。それでも好奇心旺盛な私がそんな長旅に飛びついたのは、それを上回る自然の魅力を感じたから。

　パタゴニアは風と氷河、豊かな森と輝く美しい湖、天を突き破らんばかりにそびえたつ山々など変化に富む自然に恵まれている。

面積は日本の３倍もあるが、人口は当時わずか150万人程度（羊は1500万）とか、日本の100分の１くらい。年間低温で、「嵐の大地」とも呼ばれるほど風が強い。私たちが訪れた２月は日本では一番寒いけれどもパタゴニアでは最も暑い季節、それでも平均気温９度ほど、何しろ風が強いのでかなり寒かった。

　まずは氷河国立公園へ。パタゴニアには大小50近い氷河がある。中でも世界で最も有名なペリト・モレノ氷河へ。この氷河は巾５km、長さ30km、高いところは70mも（水中にはその７倍も）とのこと。はるか昔の氷河期に山頂に降った雪が圧縮されて、氷の結晶となって押し出されてきたものだ。氷河が目の前に迫る展望バルコニーがいくつもあり、そこから見物をし、またボートに乗ってすぐ近くでも氷河見物を堪能した。

ここはパタゴニアで最も観光客が集まる場所とか。確かに大勢の観光客、特にヨーロッパ系の人たちで混雑していた。私自身こんな氷河の大きな塊を近くで見るのははじめてで、吸い込まれそうな感じでただあぜんとした。ここの氷は空気を含まないので透明で蒼い、この蒼白の氷壁が端の方から轟音とともに海へどっと崩れ落ちていく様子は圧巻としか言いようがない。崩落を繰り返し絶えず動いている、その度に近くの見物客たちと一緒にワァーっと叫び感嘆した。

　次に向かったエル・チャルテンは南アンデス名峰の登山拠点なので、世界中のトレッカーたちのあこがれの場所だ。ここから２日間ハイキングをした。最初の日、エメラルドグリーンの湖の脇を通って丘を上がり強風の吹き付けるブナの林の間を抜けてしばらく上っていくと大きな滝が見えた。U字型にいったん下ってからまた上がってやっと展望台が開けてきた。サンドイッチのお昼で一休み、同じ道の下山に元気をもらった。

　２日目、早朝には街の入り口まで朝日に映える山を見に行った。東の空が赤く染まり崇高な姿のフィッツロイ山（3405m）が朝日に照らされ、何ともいえない素晴らしい姿に感極まった。

　その日は登山口ゲートをくぐって違うルートで登ったが、強風のため南極ブナが倒れている。大きな岩山を見ながらしばらく歩き、ブナの岩道の向こうにフィッツロイ山が顔を出す。山と湖を眺めながらのお弁当はおいしい。山々の麓にある３つの氷河は美しく、パノラマルートをたどって下山した。

　そこからバスで南下してパイネに。そこでのハイキングは素

晴らしかった。同時に6人しか渡れない吊り橋をこわごわ渡っ
て林を抜けると、一気に風が強くなり、砂利道を一歩一歩踏み
しめながら進んだ。小山に上るのも風が強く展望台まで一苦労
した。でもそこからの氷河の眺めは素晴らしかった。

　マゼラン海峡に面したチリ南端の街ブンタ・アレーナスへ。
途中野生ペンギンが生息する「ペンギンコロニー」へ寄った。
入り組んだ湾に彼らは巣を作って生息している。私たちは人間
用トレイルを、彼らはペンギン用トレイルを一列に並んで歩い
て行った。何ともかわいい。
　街に到着し丘の上からマゼラン海峡を見晴らした。この海峡
はポルトガル人でスペインの援助を受けたマゼラン提督の艦船
が切り開いた大西洋と太平洋をつなぐ道。1519年出発し、3年
かけて南米の入り江を次々と調査して、その繰り返しの果てに
見つけ出したとのこと。
　フェリーでマゼラン海峡を渡ってフェゴ島へ、荒野をバスで
走り南下してまたアルゼンチンへ入国し、世界最南端の都市ウ
シュアイアに到着。「世界の果て」との看板が出ている。ここ
は南極までわずか1000km。標識に各国まで何キロか距離が記
されているが、それによれば日本までは21041kmだ。はるか遠
くまで来たものと実感した。
　ビーグル水道はアルゼンチンとチリとの国境にもなっている
が、そこをクルーズして小島に。船から見る周囲の手つかずの
風景は息をのむほど美しく、自然の雄大さを実感した。このあ

たりの岩礁には鳥がいっぱい見えた、ウミウ、カモメ、アホウドリ、海燕、オタリアなども。日本では見られない光景にうっとりした。

　この年になってよくぞこんな南の果てまで来たものと自分ながら感心したが、来られたことを感謝した。遠くまで来ただけのことはあって、パタゴニアは珍しい風景など満載で、心から満喫した旅だった。

🇨🇳 中国

中国大周遊10の世界遺産ハイキング

中国は何といっても世界四大文明の一つである黄河文明（紀元前4000年ごろから）と、それよりさらに2000年近く前にすでに始まっていた長江文明発祥の地でもある。広い国土に世界遺産は55ヵ所も、この数はイタリアと並んで世界一位である。

10ヵ所もの中国の絶景を堪能、 欲張りすぎ

今回は広い中国の中の10ヶ所の世界遺産めぐりというわけ。もちろん次に記すシルクロードの旅や後年訪れる雲南省などでも世界遺産の地は他にもいくつか訪れるのだが。

さてまずは武隆の天抗三橋風景区に、ここは400万年も前から長年に渡り大自然の地殻隆起によって形成された大峡谷。天杭とは水が穿った自然の穴のこと、上から見下ろすと谷底ははるか下のほうだ。エレベーターで下りていって、断崖絶壁を見上げながら谷底を5時間ほどハイキングした。

改めてその場所の写真を見て

も高い絶壁の恐ろしいほど下の峡谷を歩いたなと感心する、確かに素晴らしかった。重慶に戻ってからは市内を観光した。ここは昔から経済の拠点として栄えた歴史的な街で、清代の古い街並みをとどめる磁器口の散策は楽しかった。ここは石畳の階段が上へ上へと積み重なるように家々が連なっている珍しい光景だった。

　大足石窟群では山頂近くに500mにもわたって300もの石窟がある北山石窟群を歩き回った。インドからシルクロードを通って仏教が中国に伝わり、その中で数多くの石窟が造られ、そこに多くの仏像がまつられた。紀元前後中国の三大宗教の仏教、道教、儒教の石刻がそろっているのが特徴と言われている。うすく簡素な衣をつけている仏像は初期のもので、複雑で豪華な衣をまとっているのはもっと後のものとの説明を聞きながら次々に見て回ってただ感心した。

　国内線で今回一番のお目当ての九寨溝へと飛んだ。この地域はチベット族、チャン族たちの自治省で、まず彼らの部落、家々、寺院や塔などを見て回った。

　彼らは熱心なチベット仏教（ラマ教）の信者で念仏が書かれた色とりどりのタルチョという旗が何本もひらめいていた。青、白、赤、緑、黄の5色にそれぞれ意味があり、災難を鎮め、健康で平和、幸せに恵まれるようになどの祈願とか。寺では人々が熱心にマニ車を回していた。これは回す回数だけ内蔵している経を唱えるのと同じ功徳があると信じられている。

九塞溝はさすがに息をのむほどの素晴らしさだった。未だ手付かずの大自然がそのまま残って、他に類を見ない深山幽谷の絶景だ。標高2000〜3400mにわたって大小100もの沼が連なるカルスト地形（石灰岩台地）で、水流の中に森が生育して独特の景観を生んでいる。山脈から流れ込んだ石灰分の成分が沼底に沈殿して、湖底の苔や深さ、光の屈折などで日中は青色、夕方はオレンジなどさまざまな色合いを見せている。

　特に印象に残ったのは、灌木の間から流れ落ちる滝の様子、まるで鏡のように周りの山々や木を湖面に映す鏡海、海の白波がそのまま固まったような窪みのある乳白色の五彩池、岸辺の樹木や湖底の藻や水草などの色合いを見せる五花海など。初日夕方には雪が降り出し、たちまち雪景色となりそれもかえって風情をました。

　黄龍は4000m近い高地にある。ここは石灰岩と清流が作り出したエメラルドグリーンに輝く湖沼群と深山の樹海という夢幻の世界だ。260万年もの昔石灰岩が氷河に浸食されてできた渓谷に石灰分の異なる水が流れ込んだという。上りは途中までロープ・ウェイを利用し、その後歩いていく木道は観光客が多くて大混雑だった。黄色がかった乳白色の石灰岩層が棚田状に連なって、その上を澄んだ水が流れ山頂からずっと延びている渓谷だ。

　3000以上もある小さな湖沼は光線の角度で、エメラルド、コバルト、紫、黄、緑などいろいろな色に輝き、まるで龍がウロコを輝かせて天に向かって上がっていく様相で、これが黄龍と

いう名前になったとのこと。

　一番高いところにある色とりどりのまだら模様の五彩池は見事で最大の見どころとか。洗身洞は高さ10mもの石灰岩でできた鍾乳洞で壁にしたたり落ちる水を黄金色に見せていた。これらの素晴らしい景観にただ感動するばかりだった。

　帰りは歩いての下りだが、石灰棚を流れ落ちる滝やエメラルドグリーンにきらめく湖沼群など次から次に移り変わる絶景に見とれながらなかなか進めない。

　途中でたまたま台湾から来たという青年と一緒になり、おしゃべりしながら歩いて下って行った。二人で素晴らしい景色に興奮しながら楽しく歩いたおかげで疲れは感じなかった。

　蛾眉山は中国での四大仏教名山の一つで、3099mという高山である。バスとロープ・ウェイ、そして歩いてやっとたどり着いた。山頂に広がる豪華なガラン、白象に乗った普賢ボサツが全身金メッキで輝いていた。テラスから眺める最高峰に立つ仏閣の情景はまさに天上の物という感じだった。この山の名前は少女の眉のような形からつけられたとか。下山は雲海が発生し見下ろすと眼下は真っ白だった。

　近くにある楽山大仏は世界最大の仏像、阿弥陀ボサツをかたどって掘られた巨大な断崖仏、石窟寺院の一つ。高さ71mで奈良の大仏と同じくらいとか。この山は３つの川の合流点で、713年に荒れ狂う川の氾濫に苦しむ民を救おうと安全祈願を込めての作業で完成まで90年もかかったという。何しろ大きくて足の甲に人が100人も座れる由。歩いて近くまで行ったが顔の

2011/06/03

ごく一部しか見えず、全景は遊覧船に乗って川の離れたところからやっと見えた。

　石林は大昔に海底が隆起して、古生代の石灰岩が長い年月の間に雨水で腐食して大小さまざまな奇岩が林立している。形も天を突くような高いものからキノコ型などいろいろある。その間を縫って歩いていると何だか別世界にいるようだ。

　万里の長城は北京から遠くて人混みの少ないところを選んで歩いた。曲がりくねった石段を登ったり下りたりして進んで行くと、左右の山々の風景に悠久な歴史が感じられた。リフトやエレベーターなどもあって使っている人も多かったが、私たちは時間をかけて歩き通し満足感を覚えた。

　ハイキングの最後はやはり北京。ここは12世紀より700年に

わたり王都としての歴史を刻んできたところ。ここでは最大の皇室庭園、<u>頤和園</u>を訪れた。これは18世紀清朝の皇帝が母親の長寿を祝って造ったもの。何しろ広大だ。日本の皇居の２倍で、その４分の３が人口湖になっている。その広い湖に周りの色鮮やかな中国風の建造物が映えていて実に風光明媚な地だ。

　中国は広いとつくづく感心した。毎日かなり長い距離のハイキングだった。疲れてバスで待つ人も出てきたが、好奇心旺盛な私は最年長なのに歩き通し、自分でも感心した。それにしても10大世界遺産ハイクはやはりずいぶん欲張りだったようで、翌年からは「９大世界遺産ハイキング」となった。

ドロミテ（イタリア、オーストリア、スイス）

ドロミテ山塊とオーバーグルグル

ドロミテとはドロマイト（苦灰石）からついた名前とか、2億6000年も前に形成された台地が悠久の年月の流れの中で氷河に浸食され、そこに川が流れることで現代の風光明媚な風景ができ上がった。イタリアのチロル地方、東アルプスに属する山群を指している。

雄々しい山々と幻想的な緑豊かな高原

　山塊、峠、大草原、湖、川など素晴らしい景観が広がる山岳地形はまさに絶景の宝庫。岩肌むき出しで険しい荒々しい山塊が迫る東側と、山々を背景に緑の高原が広がる西側と両方の魅力を兼ね備えている。そんな素晴らしいところを歩けるなんて何とぜいたくな旅、私は出かけることにした。

　まずドロミテ・アルプスの心臓部とも言える地域へ、ドロミテ街道をバスで走り、チェアリフトで約10分上り「チンクエ・トーリー」（5つの塔の意味）へ、ここには大きな5つの岩峰が連なっているがその様相は見事だ。その周りをあらゆる角度から見上げながらぐるりと一周した。足元に咲いている黄色や紫の可憐な花がヨーロッパ・アルプスの夏を彩り、疲れを癒し

てくれた。

　翌日は「ドロミテの真珠」と称えられる美しいミズリーナ湖畔を半周散策した。この湖はかって自分の欲望と引き換えに自らの父をこの森に棲む魔女に捧げてしまった地元の娘ミズリーナの涙と伝えられている。何とも悲しい話だが、湖の水は透明できれいだった。

　そこから周りの草花を愛でながら歩いていくと4つの峰がくっきりと見え、さらに進んで礼拝堂、そして小屋へと着いた。2500m近くまで登っていくと先ほどの峰の裏側の垂直にそそり立つ断崖絶壁が見えた、さすが絶景。

　ある日はバスで中世の昔からヴェネツィアとドイツを結ぶ通商路だったドロミテ峡谷街道をドライブしながら、3000mを超す山塊が屹立する迫力ある景観を眺めた。そのふもとに点在する珠玉の湖や村落などの風景を満喫した。山を降りてからラテン（イタリア）とゲルマン（ドイツ）文化が合流する中世のたたずまいを残す旧市街を散策した。

　午後は自由時間だったので私はその町の考古学博物館へ「アイスマン」を見に行った。5300年も前に凍りついた氷河の高地に来て死んだ男が氷河に閉じ込められていたが、1991年に偶然発見されたという。彼は氷河の中で眠り続け、肉体も当時のまま残っている珍しいミイラとか。

　男と彼の身に付けていた衣服、靴、熊の毛の帽子、道具類などが完ぺきな状態で保存されていた。信じられないほど遠い昔

のものだが、この過去の証人ともいうべき姿に、ただ見ていて不思議な感動を覚えた。

　南チロル・ドロミテの奥座敷、フィネスの谷へのハイキングはとても気分が良かった。バスを降りると北ドロミテの代表的景観の山塊がいやでも目に飛び込んでくる。牧草地の坂の道を登っていくと古い教会へ。さらに広い谷を見ながらゆっくり歩いて行った。家のバルコニーからはおばあちゃんが私たちに気さくにドイツ語で挨拶してくれたし、またガレージで作業していたおじいちゃんも声をかけてくれた。リンゴなどの果樹園や牧草地の広がる谷へ、さらに登っていって見下ろすと教会と山塊がそびえるまるで絵葉書のような風景にただ見とれた。
「ハイジの小屋」はハイジのモデルとなった少女が夏の間おじいさんと住んでいた小さい家、ロッジを再現したもの。大自然に囲まれた本当にのどかなところだ。そのあたりで休憩してからゆったりとハイジの小径を下って行った。昔読んだ『アルプスの少女ハイジ』の話を思い出した。この道にはところどころに童話が置かれていて心温まるスイス・アルプスの童話が下り坂の疲れを癒してくれた。
「オーバーグルグル」という地名は面白い名前だけど、オーストリア最深部のあたりを指している。

シルクロード 中国

2011／10
9日

西域シルクロード　ハイライト

シルクロードは中央アジアを横断する歴史的な交易路で、西安か
らローマあたりへ、中国からは主に絹が送られたのでこの名前に
なったと伝えられている。交易物は絹だけでなく、食物、紙など
の他、宗教（仏教）、思想、文化、科学などあらゆる分野の交流
の道だった。

古代人々が通った道を今たどって

　シルクロードは３本ほど伸びているが、今回は天山山脈に
沿った天山南路、その昔三蔵法師が選んで通った道をたどる。
敦煌からトルファン、ウルムチ、そしてカシュガルまでシルク
ロードのハイライトの地だ。カシュガルは広い中国の最西端に
近い。

　まず北京からウルムチへ国内線で飛んだ。ウルムチの紅山公
園は広く、中央にそびえる岩山の岩肌が赤っぽく、特に朝日夕

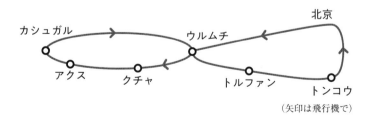

（矢印は飛行機で）

日に照らされあたり一面真っ赤に染まることからついた名前とのこと。

　その後、新疆ウイグル自治区博物館に。これはイスラム教のモスクを模した大きな建物で1958年に建てられた。少数民族の歴史や古代シルクロードの文化財、ペルシャ、ローマの金貨や銀貨などの展示を見学した。楼蘭美女のミイラはちょうど貸し出し中で見ることができずに残念だった。

　このあたりはウイグル族や多くの少数民族が住んでいる。ウイグル族の人々についてその様子を現地ガイドに聞いたら、漢民族の彼女はそれまでおだやかな口調でしゃべっていたのが、急にきつい口調になって「彼らは生意気です」と言った。彼女のことばは印象に強く残っている、やはりウイグル族への蔑視は根強いと感じた。

　次に国内線でクチャへ。ここは古くは一つの王国で西域経済の拠点として栄えた場所だった。この国最大の寺院群のスバシ故城の遺跡を観光した。クチャ川をはさんでその両側に東寺、西寺と造られ、三蔵法師もここを訪れたと言われている。

　キジル千仏洞は、渓谷の高い断崖に236もの洞窟が並んでいる。３世紀から唐代にかけて掘られた石窟で一般に公開されているのはそのごく一部だけとか。なお、これら千仏洞の修復には日本も資金援助を行ったということである。

　また、途中で寄った潮湖渓谷も広くとてもきれいだった。壮大なタクラマカン砂漠の風景を楽しみながらアクスで１泊し、またバスで中国最西部のカシュガルを目指した。何とバスで２日

に分けて14時間も走った。何しろ中国は広いと改めて実感した。

　カシュガルはもう**キルギス**とか**タジキスタン**などという聞いたこともないような国に近いところ。ところどころで真っ赤な唐辛子が干してあるのが目についた。このあたり冬はひどく寒いので体を温めるためとか。

　カシュガルはタクラマカン砂漠の西端で、唐代では西域における代表的な都市だった。住民はウイグル人が70％を占め、その他残りはウズベク族など。市の中心の広場には新疆最大のイスラム教寺院、礼拝堂が目を引く、特に10m以上の大門にはブルータイルで精緻なアラベスク模様が施されて見事だ。ここは昔イスラム教の大学として栄えていたとか。同じ中国といってもまったく異なった感じだ。

　また、10世紀からこの地に君臨したイスラム教の権力者一族の墓も訪ねたがこれは素晴らしかった。墓室、モスク、講堂などが池のほとりに建っている。

　翌日はパミール高原の風景を車窓から楽しみながら海抜3600mの高地にあるカラクリ湖へ。背後には雪山が連なり、どこまでも透き通るような水は神秘的な雰囲気を漂わせている。ここでしばらく湖の風景を楽しんで休憩した。また、国内線やバスでトルファンに、ここは天山山脈の東端、山脈の雪解け水によって潤うオアシスの街で10世紀以降ウイグル族の中心地となった。

　また、カレーズという珍しい地下水路を見た。あちらこちら

に竪穴の井戸が掘られているが、それらをつないだ地下水が街を流れている、地下水は３kmにも及ぶとのこと。山のふもとで掘り当てた地下水脈からトルファンまで伸びている。湿度が低い土地なので、水分の蒸発を防ぐために地下深くに水路が作られているとのこと、よく考えたものと感心した。ここから夜寝台列車に乗って敦煌へ向かった。

　敦煌の敦は「大」、煌は「盛ん」の意味とか、シルクロードの中でも最もよく知られている場所だ。ここにある莫高窟は中国三大石窟の一つ、世界の注目を最も集めている芸術の宝庫である。ここには４世紀の時代から1000年以上彫り続けられた仏塑像が安置されている。1000ヶ所ほども石窟があったとされているが、現在そのうちの500近くが保存されている。

　窟内はさまざまな題材による色とりどりの壁面で飾られ、世界最大の仏教美術と言われている。壁画は初期のものは中国古来の民間神話に関するものが多く、時代を経ると仏教故事とか極楽世界を求めるものなどへと変わっていく。仏像は30mを超えるものから十数センチの小さいものまで、彩色された彫塑である。ここには世界中から大勢の観光客がひしめき、かなり長いこと順番を待ってそのうちのいくつかに入って見学したが確かに素晴らしい。

　鳴沙山では砂漠の山を特別の靴を履いて登ったが、砂の山はどうしても滑ってしまいなかなか進めなかった。ここでラクダに乗って金色の砂丘を眺めた。ラクダの背から砂漠の山を眺めていると何かはるばる遠くに来ているというような感じがした。

何しろ中国は広い、人口も世界一だし、何より古い歴史がある。今回の旅では古の交易路をたどってこの国の広さ、古くからの遺跡などそのごく一部だけれども知ることができて良かった。

★ モロッコ

モロッコ世界遺産の街並みと砂漠の世界

モロッコはアフリカの最西北部に位置し、ヨーロッパとイスラム文化が交差する世界遺産の宝庫でもある。国名は「日の没する地の王国」の意味。西は大西洋、北は地中海に面し、地中海世界とアラブ世界の一員でもある。

アラブ世界に浸って、イスラム教の様相に驚き

　歴史的には紀元前3000年にすでに先住民のベルベル人が住んでいた。その後ローマ帝国の支配を受けたり、イスラム王朝の攻防があったり、20世紀にはフランスとの戦争で負けて40年ほどフランスの保護領に、1956年に独立を勝ち取った。

　モロッコと聞いてもそんな国どこにあるのか、どんな国かも知らない方も多いと思う。私自身何も知らなかった。でもそれだけにまったく未知の世界を見てみたいと思った。ただ私は昔の米映画『カサブランカ』が好きでよく見ていた、今でもその中のメロディーが出てくるほど。そのカサブランカが実はモロッコにあると知り、余計訪れたいと思った。成田からはドバイ乗り換えで飛行時間20時間、やはりここは距離的にも遠い。

　この国最大の都市カサブランカに到着。ここはモロッコの玄関口でもあり、経済都市でもある。まず1993年に8年かけて完成したまだ新しいモロッコ最大、世界でも指折りに大きいとい

うハッサン２世モスクを見学した。世界各地からの観光客も多く、内部には信者以外はガイドツアーだけしか入れずに、時間を決めて順番に入場した。何しろ中は２万5000人が収容できるという広さ。靴を脱いで大理石の床を歩きながら内部の装飾の素晴らしさに感動し、イスラム教の威力を感じた。

　大西洋に突き出た形で、海側からは海の上にモスクが立っているように見えるとか。モスク外観も素晴らしく装飾されているが、特に世界最高の高さを誇る200ｍもの尖塔ミナレットはベージュにグリーンで緻密な彫り物が施されていて真っ青の空に輝いていた。この華麗な巨大モスク建設には莫大な額の費用がかかったが、総工費の３分の１は王様が出し、残りは国民の

税金や寄付でまかなったと聞いた。

　何しろこの国はイスラム教が国教で、国民の99％近くがイスラム信者である。イスラム教はこの国の文化でもある。一日5回はお祈りをするし、女性は皆ベールをかぶっている。

　ここでも朝方まだ私たちがベッドでトロトロしていると街の塔からアッラーへの祈りの大音響が流れて人々に祈りの時間を知らせる。ああイスラム教の国に来たのだと痛感するが、これですっかり目が覚めてしまう。

　次は首都・ラバトへ。ここはカサブランカよりずっと小さいが「庭園都市」と別名があるように緑豊かな静かなところだ。ここには現国王の王宮があり、また現国王の父、フランスから独立を勝ち取った元国王ムハンマド5世の霊廟があって見学した。実にきらびやかで、霊廟の4つの入り口と四隅に深紅の衣装の衛兵が馬に乗って立っていた。同じ敷地内にあるハッサンの塔は88mになる予定だったが、未完のため44m、それでも世界最大級でムーア様式の見事な建築物だ。

　この国は本当に見どころが多い。古都メクネスでは旧市街（メディナ）が世界遺産に指定されている。この中には最初の王であるイスマイルの霊廟があって、ここは異教徒も中に入れるので私たちも靴を脱いで入場した。その後近くの世界遺産、古代ローマのヴォルビリス遺跡を訪ねた。

　ここは広大な敷地に保存状態の良いまま当時の遺跡が残っている。ローマ時代ここは帝国の重要な都市としてローマ属州の

首都となっていた。内部に入ったが、門からの大通りの両側に小鹿の邸、妖精たちの水浴の邸、騎士の家などの遺跡が連なって見飽きない。3世紀ごろローマ帝国はモロッコの大半から撤退したが、他のローマ都市と違ってここは放棄されなかったので、このような遺跡が残っている。

フェズは世界一大きく複雑な迷路の街、何しろ道は狭く上がったり下がったり、曲がったりくねったりと。高い建物の間の細い通路は昼でも暗く、迷子にならないように前の人の後を必死に追いかけ、広場に出るとホッとする。車は入れないので今もロバが輸送手段に使われている。食べ物や洋服、陶器など、さまざまな専門店の市場も並んでいる。フェズは新、旧両市街に数ヵ所あるが、私たちが歩いたのは旧市街だった。

そこには中世の暮らしがそのまま残されているようだ。こんな場所は今までどこででも見たことはない。14世紀に建てられた神学校やなめし皮職人街なども回り、職人の業を目の前で見ることもできた。神学校も外壁はアラベスク模様のイスラム装飾が施されていて実に見事だ。

タジンとはモロッコ独特の赤茶色の陶製の鍋で、ふたがとんがり帽子のような形をしていて、なべ料理に使われる。モロッコ滞在中タジン鍋の料理が出たがとてもおいしかった。本物は重くてお土産には持ち帰れないが、お土産用のミニ・タジンの絵付け工房で絵付けをして小さいタジンをお土産に持って帰った。

アトラス山脈を越えてオアシスの街・エルフードへ。ここは

サハラ砂漠への入り口の街である。1913年にはフランス軍の駐屯地だったので、道路も真っ直ぐ、建物も四角で画一的に造られている。ここではまず4輪駆動車でサハラ砂漠の朝日鑑賞に出かけたが、これは実に見事だった。モロッコの砂は赤っぽく、砂丘が幾重にも折り重なっている様子はまた何ともいいがたい風景だ。朝日を見てからここでラクダにも乗った。この前中国の鳴沙山で乗ったラクダは二瘤で安定して乗れたが、ここのラクダは瘤が一つで上りはともかく、下りは今にも落ちそうでとても怖かった。

　ワルザザートは砂漠とオアシスの地。1920年フランス軍によってサハラ砂漠の最前線基地として建てられた街だ。映画『アラビアのロレンス』のロケ地としても有名になったカスバ

2012/02/05

がいくつもある。カスバとは軍隊の城壁、城砦を指し、日干しレンガで作られた城のような物だ。まだ人が住んでいるものも、崩れ落ちているのもあった。高い城壁の中にカスバがいくつか集まった要塞都市もあってそれを見学した。はじめて目にした変わった建築物だった。

　モロッコとはアフリカの西端の国、アルジェリア、チュニジアとともにマグリブ諸国と言われているが、マグリブとは「日の沈む場所」の意味である。

　このあたりは古くからベルベル人が住み、7世紀ごろアラブ人が入ってきてイスラム化するまで彼らの土地だった。そんなところまで行ってきたが、そこは魅力たっぷりで、充分楽しんできた。世界遺産は9ヶ所あるが、そのほとんどを見たことになる。

ブータン

幸福の国、ブータン王国

ブータンはヒマラヤ山脈の懐、中国チベットとインドの東北の端の間に横たわっている小さな国で、北海道の半分位の面積しかない。現代文明から取り残されたようなユニークな神秘的国。

世界一幸せな国、 心優しい人々の微笑みに癒されて

　この国の名前はよく聞くけど一体どこにあるのだろうか。私も今回地図で調べてはっきりと位置がわかった。タイ経由、バングラデシュのダッカ経由でパロ空港へ着いた。小さい空港には王と王妃の大きな写真が飾られていたが、他にも公の建物、切手など二人の肖像画はよく見られた。

　この国は17世紀チベットから亡命してきた高僧が基礎を築いた。その後混乱も続いたが、20世紀はじめに初代国王が統一して世襲君主制が始まった。

　1972年4代国王（現王の父）は国民の精神的豊かさを第1位にというGNH（国民総幸福量）を提唱し、この時代に一気に現代化が進んだという。2006年には立憲君主国となり、現王が即位した。現在の王と王妃も国民からすごく敬愛されて、二人は2011年、東日本大震災後慰問に来日され、王のスピーチは当地の人々に大きな感銘を与えた。

　首都・ティンプーで市内を見学した。ここのメモリアル・

チョルテン（仏塔）は参拝者も多く、中にはお弁当持参で一日中座って念仏を唱えながらマニ車を回して幸せを祈る人々もいるとか。マニ車とは中に経文を納めた筒で一回転すると経を読んだと同じ功徳が得られると信じられている。

仏教の総本山でもあり国会議事堂でもあるタシチョ・ゾンは13世紀からの建築物で、夜にはライトアップされて見事だった。これは日本からの援助だと聞いた。ゾンとは寺院と地方行政の中核としての機能を合わせ持つ建物でこの国の至るところにある。また、「日・ブータン友好の橋」という標識が掛かっている橋が何ヵ所か目についた。日本はブータンにかなり出資している、二番目に多いとのこと、何かほっとする気持ちになる。

昔の冬の都だったプナカに着いた、ここのゾンは立派で内部に入り中庭、宝物館など見て回った。途中いくつかの寺院、仏堂など見ながらジャカールへ。ここでブータン最古の寺や宮殿、ゾン、国立博物館などを見学。ジャカールとは白い鳥の意味、大昔ゾンを建てる場所を探していたら一羽の大きな白い鳥が飛んできたので、吉兆としてこの場所にジャカール・ゾンを建てたとのことだ。

途中に小学校があってちょうど子供たちが帰るところだった。私たちもバスから降りて子供たちに声をかけた。恥ずかしそうにしていたがとても素直そうな子供たち。先生も出てきたので挨拶するとどうぞ中へと校舎へ案内してくれた。私も教師だというととても喜んでくれた。教室には子供たちの教科書など置いてあったが、英語の本はとても厚く、よくできていると感心

した。

　パロに戻るとちょうどにぎやかなツェチョ祭りで踊りなどが催され、おしゃれな民族衣装をまとった人々が楽しそうに集まっていた。彼らの民族衣装はカラフルで何となく日本の着物に似ている。この祭りは各地で行われるが、最も盛んなのがやはりパロの祭りとか。5日間続くが今日は4日目。最終日の深夜「トンドル」というチベット仏教の開祖が描かれた巨大な仏画、緞帳が開帳され法要が始まる。

　昼間はブータンの民家を訪問した。115年前に建てられたという古い家には老夫婦が暮らしていて牛や鶏を飼っていた。その隣の若い人たちの新しい家に招かれた。けっこう広い部屋へ通されて、みんなで座ってガイドから暮らしぶりなどの説明を聞いた。バター茶をごちそうしてくれた。これはヤクの乳脂肪に塩を加えたものとか、ブータンでのお決まりのお茶で、日に何回も飲むという。一見ココアのような色だが、甘くもなく正直おいしくはなかった。でもせっかくのもてなしなのでありがたくいただいた。

　さて、お祭りの「トンドル」は見るだけでもご利益があるという。私たちは朝の2時前に真っ暗の中宿を出て広場で待っていたがなかなか現れない、でも周りの人たちもみんなおとなしく待っていた。4時近くになってやっと巨大な仏画トンドルが着いた。何かすごく荘厳な雰囲気、こんな特別の場に居合わせて幸せだったと感じた。

　日本の西岡京治氏が農業指導をした功績を称えて作られたメ

モリアル・チョルテン（記念館）を訪ねた。彼はかつて28年間ブータンで農業改革をし、栽培の技術や品種改良などブータンの農業のために尽くした。その功績によって「ダショー」（イギリスの「Sir」に当たる）の称号が国王から与えられた。

　1992年ブータンで死去するまでこの地に留まり、王族をはじめ3000人も集まっての国葬だった由。西岡氏の努力に感謝し、日本とブータンの間にこうした関係があったことを知って嬉しかった。

　標高3000mの断崖絶壁に張り付くように建っているタクッァン僧院は、8世紀にこの国にチベット仏教を広めたグルが虎に乗ってきて洞窟で瞑想したと伝えられる聖地である。そこはどうしても行きたい場所だった。

　歩き出してはじめこそ森の中を気持ち良く進んで行ったが、だんだん山道となり登りもきつい坂になっていった。そして今度はせっかく上ったのに、下りのけっこう険しい階段を下りていく。2時間半ほど歩いてやっと僧院へ到達した。堂内では正式な五体投地（両手、両膝、額と体全体を地に投げ伏せて祈ること）で礼拝をしている人々もいた。

　ちなみにブータンの食事には唐辛子がよく使われている。これは薬味としてではなく野菜として使っているとか。もちろん外国人にはそんなに辛くない唐辛子だから大丈夫と言われたけれども、やはり辛かった。バスの車窓からも家の屋根の上とか軒先にトウガラシが干してあるのをよく見かけた。

実はブータンには野犬が実に多い。生き物を殺してはいけないためだろう。寺院などには特に多く、のんびり寝そべって我が世の春。ただ狂犬病の予防注射はしていないので注意するようにと現地ガイドに言われた。また、南のほうへ行く前にあちらでは蚊がいるだろうけど、たたかないでそっと追い払うようにとも注意された、生き物も大切にとの精神に感心した。

　また、ある農村へ電気を通す計画があったが、その付近は野鳥が越冬する場所で、かわいそうだから電気は通さなくてもいいと村人たちは決めた。この話にドイツが感心して鳥の邪魔をしないように電線を通してくれたと聞いた。ブータンの人の心優しさに感動した。

　ある小さな街で観光を済ませて私たちの小型バスに戻ってきた。ガイドがサッとドアを開けたが、日本からの添乗員が「カギは閉めておいてください。みなさんの荷物がなくなったら困るから」と注意した。これはまったく当たり前のこと、でも現地ガイドは即座に「ブータンには人の物を盗むような人はいません」とはっきり言った。やはりこの国は素晴らしいと心から感動した。

　ずっと一緒だった気持ちの良い現地ガイドは日本語も達者だったが、はじめのころ仏塔を「ブットウ」ではなく「ブトゥ」と発音していた。最初みんなエッと思ったが、実物を指して言うので仏塔のことと理解した。ある日二人だけのときに彼にそのことを告げたら、「教えてくれてありがとう」と言って手帳に書きつけていた。しばらくは「ブットウ」と正しく発音

した。ただしばらくするとまた元に戻って「ブトウ」になった。彼らの母語に「ッ」というつまる音はないのだろう、私ももう何も言わなかった。

彼は休憩のときなど日本人とも楽しそうにおしゃべりをしていた。ただ運転手の若者は日本語を知らないのでそんなときいつもポツンとしていた。

あるとき英語を話すかと聞いたら、にこりとして英語で応答してきた。いろいろ話していると、彼は家が貧乏で小学校は2年までしか行けなかった。でも母語のゾンカ語とヒンディー語（インド）は読み書きでき、あと英語と何語とかは文字はだめだけど話し聞くのはできる。仕事に必要だから覚えたとのこと。これにはとても感心して、これからも頑張ってねとエールを送ったらすごく喜んでくれた。ちなみにブータンでは現在学校教育には英語が使われているとのこと。

余計なことながらこの75年間戦争をしてない国は世界で8ヵ国、ほとんどが北欧で、アジアでは日本とブータンだけとのこと。この国はGNPではなくGNH（国民総幸福量）を提唱し、経済より国民の幸せを目標にしてきた本当に幸せの国だ。経済主導の現在の風潮に対してある意味では羨ましい感じ。そんな素晴らしい平和で温厚なこの国を訪れ、心優しい人々に触れ合えたことは本当に良かった。何か心温まる思いで帰ってきた。ただネットの普及などから現代的な生活を求める声も出てきて今後どうなるか心配だ。

🇪🇸 スペイン

2012／6
hike・14日

聖地サンティアゴへのラスト100kmを歩く

サンティアゴはエレサレム、ローマと並ぶキリスト教の三大聖地
の一つである。イエス・キリストの12使徒の一人、聖ヤコブが北
スペインでのキリスト教伝道の旅の後にエレサレムで殉教し、そ
の遺体はスペインで埋葬されたと伝えられた。

信仰を求めて歩いた巡礼の道、 今ウォーキングを楽しんで

9世紀はじめ、聖ヤコブの墓が現在のサンティアゴで見つ
かった。この知らせは一気にキリスト教国に伝わった。彼の遺
骨を祀り聖堂が建てられたとのこと。

場所はスペインの最北西部、大聖堂はイベリア半島にあるロ
マネスク美術の代表的な建造物で、17世紀に外観がバロック様
式に変更されたが、何とも豪華だ。サンティアゴへは11世紀ご
ろにはヨーロッパから多くの巡礼者が集まり出した。聖地巡礼
を果たせば罪の償いになると信じて人々は聖地を目指した。

そのうち彼らの道が整い、その街道沿いに街が発展してきて、
教会や修道院など数多く建てられた。それから1000年ほど経っ
て、サンディアゴへは宗教的な意義からだけでなく、歩く旅と
しても各国から大勢の人々が訪れるようになってきた。

さて私たち10人ほどのグループはレオン（サンチアゴ騎士団
の本拠地）で大聖堂などを見学し、その後9日かけて日に

123

７kmから19kmほど巡礼の道を歩いた。ローマ時代の城壁が残る街、なだらかな丘陵地帯、古い街並み、砂利道の上り、石造りの素朴な家の並ぶ田舎道、森の中、けっこうきついアスファルトの上り坂道など変化に富んでいて飽きることはなかった。

ユーカリの林が広がる中を通るとユーカリの良い匂いが疲れを癒してくれた。道中いくつもの教会、聖堂、修道院などにも立ち寄った。また、途中珍しい物としてはさびれた山道にオレオという名前の高床式の穀物倉庫がいくつも見えた。オレオの上には十字架の飾りがあるものも、また色が塗られているものなどさまざまだ。日本では見たこともない倉庫で珍しかった。「中世の橋」や「許しの門」なども通っていった。

巡礼者は皆赤で剣をあしらった十字架の描かれたホタテ貝を体のどこかに付けて歩く、巡礼のシンボルとして。私たちも皆このホタテ貝をもらって私もリュックに付けて歩いた。これは記念に今も私の部屋に飾ってある。道を歩く人たちは全員聖地を目指している巡礼者だが、やはりこのホタテ貝を見ると仲間意識という気持ちがわく。

また、「Camino de Santiago」という看板もよく見るが、カミノとはスペイン語で「道」の意味で「サンティアゴへの道」のこと。この巡礼路のことを通称カミノと称して、行き交う巡礼者はお互いに「カミノ！」と挨拶する。

また、この巡礼の道には至るところに黄色の矢印が描かれている、木の幹や大きな石ころ、森の柵、ごみ箱、民家の壁などにも。矢印が指している方向に進みさえすればよいのだから道

に迷うことはない。なおこの道はレイ・ラインと呼ばれている地球のエネルギーの線に沿っている場所で、特に強力で、地球の霊気の基本構造を作っているという話だ、私にはよくわからないけれども。

また、巡礼の途中、教会、修道院、またカフェなど何十ヵ所かにハンコが置いてあり、最初にもらった手帳にそれを押していく、今回私も改めてその手帳二冊を数えてみたら56ヶ所印が押されていた。印はそれぞれの場所を示す印で場所と日にちが刻印され、最後に巡礼証をいただくときにも証拠として必要なのだ。印が増えるにつれ何だか嬉しく、元気になってくる。

　私たちは朝早く出発し、途中一度はカフェで休憩してお茶な

ど飲んでまた歩く。遅いランチをとってその後少し歩いて早めにホテルやペンションに着き、夕方はゆっくりそのあたりを散策したりした。

　いろいろな国の人、特に西欧人も多く来ていてみんな同じ聖地を目指す仲間、一緒におしゃべりしながら歩くのも楽しい。特にアイルランドから来ていた老婦人とは何度も会って一緒におしゃべりしながら歩いているうちにすっかり仲良くなった。カフェでも一緒にお茶を飲んで一休みした。中には馬に乗ってくる人もいた。

　あと５kmほどで大聖堂というところにあるゴゾの丘は「歓喜の丘」とも呼ばれる。丘の上に立つとサンティエゴ大聖堂の尖塔が３つくっきり見え、やっとという安ど感を覚えた。そしてついにサンディアゴ・デ・コンポステラの大聖堂へ到着したときは本当に感動した。

　100km以上歩いてくると巡礼の証明書がもらえるので、私たちは教会の特別室に行ってパスポートと印鑑を押してある手帳を示して一人ずつ名前入りの巡礼証明書をいただいた。何かとても厳粛な気分になった。この証書は私にとっては貴重な宝物で大切にとってある。

　教会では巡礼者のためのミサが始まった。天井から吊るされた「ポタフメイロ」という巨大な香炉が前後に豪快に振られ、乳香の香りが立ち込めるのは何ともいえず荘厳な雰囲気で感動的な瞬間だった。この香炉は昔長い旅で風呂も入れず匂いを消すためだったと言われている。ミサでは今日は日本からの巡礼

者も来ているとわざわざ告げられた。

　二晩パラドールに宿泊した。パラドールとはスペインの国営ホテルで、歴史的建造物の保存のためホテルとしていたり、景観の良いところに建設されたりしている。私たちが泊まった５つ星のホテルはかつて王立病院だった建物で、歴史的重厚な気品のある雰囲気をかもし出していて、しかも大聖堂のすぐそばという立地も良く大満足だった。

　その後サンティアゴ巡礼者がさらなる目的地とした大陸の西の果ての岬へバスで出かけた。大西洋に沿って海岸沿いの街々を観光した。聖ヤコブの遺骸を載せた船が流れ着いたという伝説の残る町を見物。サンティアゴ教会は閉まっていたけれど外側から見学できた。

　今回わずか10人ほどの旅仲間だったが何回かまったく同じコースをたどった人たちがいた。女性の一人は２回目、男性で３回目という人もいた。彼らももちろん信仰のためではないが、この100kmの巡礼の道を歩くことが素晴らしく、どうしてもまた来たくなってとのこと。それまで同じ日程でのツアーを二度参加するという人のことは聞いたことがなかったので、やはりここは特別かと思った。

　私としても今回の旅は宗教的な意味ではなかったが、やはり巡礼の道を歩き、自分自身を見つめ直す良い機会にもなり素晴らしい旅だった。

2012／8
10日

■● メキシコ

世界遺産探訪の旅　悠久の古代マヤ遺跡

中米はグアテマラ、パナマ、コスタリカなどいずれも小さな国である。メキシコは何しろ大きい国で面積は日本の5倍位。ただ、人口は日本とほぼ同じ。また、世界遺産の宝庫でもある。

密林地帯に突如現れる壮大な古代文明の遺跡

　今まで北米、南米は訪れていたが、中米ははじめてだ。実は今までメキシコは中米と思いこんでいたが、地理学上メキシコは北米に属するということは本書を書くにあたってはじめて知った。今回は35の世界遺産のうち9つを回った。

　以前、マチュピチュで見た南米のインカ文明に対してマヤ、アステカ文明とはどんなものか興味がそそられてこの旅に参加した。マヤ文明とは、メキシコ・ユカタン半島を中心に密林地帯に点在する都市国家が栄えた謎の多い古代文明である。まずメキシコでは紀元前後に古代都市テオティワカンが建設され6世紀ごろまで栄えていたがこれも突然謎の消滅をした。

　ユカタン半島では8世紀ごろ最も栄えたマヤ文明がその後衰退に向かい、15世紀までにはほとんどの都市が密林に埋もれ消え失せてしまった。その後、アステカ人がメキシコに居住しアステカ文明が栄えたが、16世紀はじめにスペインが侵入し、植民地化して収奪されてしまった。その後、メキシコ独立運動が

始まり動乱後メキシコは1821年独立を達成した。しかし、アメリカとの戦争で建国時にはメキシコ領土だったテキサス、カリフォルニアなどを失い、建国時の国土を半分以上失ってしまった。

まずは世界遺産でもあるメキシコ・シティ歴史地区へ向かった。中央広場はアステカ帝国時代から神殿に囲まれた重要な広場だったとか。訪れたときは独立記念日（9月16日）用の緑、赤、白という国旗の色の飾りつけが始まってにぎわっていた。国立宮殿はメキシコの歴史を描いた巨大な壁画が目を引いた。

ラテンアメリカ最大級のカテドラルはカトリック教会の総本山的な施設で、あまり広くて教会らしくないほどだった。実はメキシコは国民の90％以上がカトリック教徒で、その数は世界でブラジルに次いで2番目に多い。これは私も今まで知らなかったのでちょっと驚いた。国立人類学博物館は内部を見学したが、さまざまな遺跡からの発掘品が選りすぐって展示されていた、世界的にも有数な規模と内容のメキシコ古代文明の集大成で見事だ。

その後、メキシコ最大の古代遺跡テオティワカンを訪れたが、この地は4～7世紀繁栄を極め人口も多く大きな都市だった。ここでは月のピラミッド（高さ45m）と太陽のピラミッド（高さ66m、世界3番目に大きい）などを訪れた。いずれも素晴らしく、よくこれだけ巨大なピラミッドがその昔に造られたと感心。太陽のピラミッドに上ったがかなり急な階段でけっこうきつかった。でも頂上では爽快な気分で眼下の眺めを味わった。

次に訪れた世界遺産でもあるメキシコ国立自治大学は壮大だ。規模、歴史、著名どれをとってもメキシコ随一。昔荒れ地だったところへ60人以上の建築家や技師が統一性をもって作り上げ、1954年に完成された大学都市である。

　敷地内には博物館や劇場、映画館などまである。総合大学で当時学生数36万、図書館数50でノーベル賞受賞者も3人出しているとか。中でも一番印象的だったのは中央図書館の壁画、これは世界最大でアステカ人とスペイン人をモチーフにしているとか、あまりの素晴らしさにただ圧倒された。

　そこからマヤ遺跡めぐりの拠点地まで空路を飛んだ。初日に見学した以外のいずれも世界遺産の遺跡4ヵ所をめぐった。800年もの間密林の中に眠っていたマヤ文明古典期の<u>バレンケ遺跡</u>には建物が500もあるとのこと、王が住んだという立派な宮殿には高さ15mの塔が目立つ。水洗トイレなどの設備まで残っていて、当時きわめて高度の知識や技術を持っていたと思われる。最も栄えたのは7世紀ごろだが、9世紀以降なぜ彼らがこの地を去ったかは謎だという。

　<u>カラクルム遺跡</u>はある時期に繁栄したマヤの最大都市で、長い間眠っていたが1993年に見つかったとか。先に訪れたバレンケ同様に密林の奥深いところであまり観光化されていない。苦労してたどり着いた第二神殿からの眺めは絶景だった。

　<u>ウシュマル遺跡</u>は7世紀初頭に栄えたところで、やはりうっそうとした森の中にある。マヤ文化のオリジナル色濃く、建物

の壁一面に彫刻を施した石を組み合わせ複雑なモザイクなどで華麗に装飾されている。鳩の家、カメの家、魔法使いのピラミッドなどそれぞれ面白い名前がついている。優美な曲線で造られた代表的神殿、三角形の魔法使いのピラミッドは青空に映えて圧巻だった。

　最後にマヤ文明の最高傑作と言われるチチェン・イツァー遺跡に、ここは200年以上にわたってユカタン半島の芸術、宗教、経済の中心地だった。今も当時の栄華を思い浮かばせる最大で最も有名な遺跡が残っている。ここでは戦士の神殿や球戯場なども回ったが何といっても次に紹介するピラミッド状の神殿は素晴らしい。

　9層の基壇（石積み）を持ち、驚くことに4面の階段の段数、

2012/09/03

基壇部の垂直面の浮彫すべてがマヤの農耕暦と祭事暦を象徴するように建造されているとか。しかも階段の側面が春分の日と秋分の日に限って蛇の頭をしつらえた中央階段の側面に9層の神殿の影が羽の形となって映し出されるとのこと。古代マヤの天文学、建築技術の高さが象徴的に示されていて、ただただ感心するばかりだった。

　最後にユカタン半島の突端、世界的に有名なリゾート地カンクンへ行った。その途中セノーテ、神秘の泉を訪れた。セノーテとはこの半島の低平な石灰地帯に陥没した穴に地下水がたまった天然泉で、エメラルドグリーンの透明な色はまさに神秘的。このあたりセノーテは3500ほどもあるという。

　ダイビング、シュノーケルなど楽しんでいる人々、優雅に泳いでいる人もいて、一応私も水着は持ってきたが、とても深くて怖いので水の中には入らずに見ていただけ。でも自然は何と素晴らしい姿を作り出しているのかと感心した。

　最後にカンクン海岸で一日自由に、澄み切ったコバルトブルーのカリブ海はきらめいてきれいだ。それまで見てきた密林の中の古代遺跡との対比が何か不思議なほど。この旅によってメキシコという国にこんな神秘的なマヤ・アステカ文明の遺跡が残っていることを知り、それまで知らなかった世界が開けた感じだった。

インド

８つの世界遺産めぐり、ゴールデントライングルなど

インドの面積は世界７位で日本の８倍ほど。人口は世界２位。歴史は紀元前3000年も前にさかのぼる。紀元前20年ごろに発達したインダス文明はとても高度だった。時は経てアショカ王のころ帝国を拡大したが、以降は外国からの侵略者に襲われ、衰退していった。

白亜の霊廟タージ・マハルと赤茶けたガンジス川の対比

　イスラム教徒の侵略やイギリスの統治などを経て、ガンジーの独立運動もあって最終的にインドが独立したのは1947年である。このときヒンドゥー教のインドはイスラム教のパキスタンとは分離独立した。インドと言えば、ガンジー、カレー、ガンジス川などのイメージが思い浮かぶのではないか。でも何か不思議な魅力がありそうなこの国を旅してみたいと思った。

　インドのトライアングル（三角形）観光などと言うが、これはデリー、アグラ、ジャイプールという３大観光地を周遊するコースでちょうど三角形の位置にある。私たちの旅もこの３都市は含まれている。まず首都デリー市内を見物、ここは現在と過去が同居している街で、オールドデリーは300年前に城壁に囲まれて造られ、中には小さいバザールがあり人混みなでにぎやかだ。

　ニューデリーは英国が設定した新しい首都で、20世紀初頭の

風貌を残している。ここで世界遺産のクトゥプ・ミナールを見学した。これはインド最初のイスラム王朝がヒンドゥー教の勢力を負かした記念に1200年ごろ建てた勝利の塔で、72.5mというかつては世界一高い尖塔の遺跡と言われている。

　その外壁の装飾は素晴らしい。幾何学模様、唐草模様それにコーランの文句が図案化された彫刻など施されている。現在インドでのイスラム信徒は10％ちょっとと少数だ。

　そこから国内線で古代都市ベナレスへ飛んだ。ガンジス河沿いのこの地はヒンドゥー教の最大の聖地で多くの信者が巡礼に訪れる。また、郊外にある仏教の４大聖地の一つを訪れた。ここは釈迦が悟りを開いてはじめて説法をしたところで広々した遺跡公園になっていて、僧侶たちが説法をしていた。ここは鹿野苑と呼ばれているが、昔当地の王が森で狩りをして捉えた鹿を憐れんで放したという伝説によるとのこと。

　６世紀に建てられたという高さ43mの巨大な塔が目立つ、そこは釈迦が５人のバラモン教徒たちに説法したところとか、今も修行僧がこの塔の周りを回って礼拝をしていた。近くに考古学博物館があって入って見学した。貴重な出土品が収蔵され、中には仏教美術最大とされるような物まで展示されていた。

　夕方、聖なるガンジス川へ向かった。途中小さな子供たちが大勢ろうそくの花を「買って、買って」と観光客目当てに寄ってくる。彼女らは必死なのだ、でも一人から買うとみんな寄ってくるからと注意され、かわいそうだけれど買うのは断念した。

　川では日没とともに祈りの儀式が始まった。数人の僧侶が並

び大きな献灯を捧げる様子は荘厳だ。ドラや太鼓が鳴り響き、後ろにはいくつもの僧院が立ち並んでいる。

　翌朝、早くに朝日に染まるガンジス川をまた訪れた。徐々に日が昇り、河にかかる霞も晴れてくると神々しい荘厳な寺院群が姿を現してきた。日の出とともに川辺は活気づいてきた。お祈りが始まり、川で沐浴する人々が増えてきた。ここで沐浴すると今までの罪はすべて洗い流される。現世の苦しみが浄化されると、また遺骨の灰を流せば輪廻からの解脱が得られると信じられている。

　私たちはボートに乗って川をゆっくり走った。ボートから周りを見るとまた違った眺めだ、岸辺で見たよりこの川の広さが実感できた。

2012/12/07

また、岸沿いのさまざまな建物がはっきり見えた。火葬場はずいぶん大きく、常時煙が出ている。ここは本当に今までと異なる独特の雰囲気、世界だ。すごい雑踏の中だけど何か荘厳な気分も漂っている。これは実際来て見なくてはわからない、何とも言えない光景、雰囲気だった。

　川へ来る途中朝早かったからかホームレスの人々が牛と一緒に道路の脇で寝ていた。また、物売りは子供たちだけでなく、赤ん坊を抱いた女性も、また、片脚の人（ライによるとのこと）などもかなり見かけた。彼らは喜捨などで何とか食べているとか、みじめだ。義務教育の制度はあっても、実際小学校へ行かない子供も多いようだ。バスで小学校の脇を通ったが、子供たちは庭で座って授業を受けていて、そのすぐそばを牛がのろのろ歩んで何とものんびりした感じ。農村ではトイレはあっても使わずに畑でするほうを好むとか。

　特急列車に乗ってアグラに向かった。列車はけっこうきれいで、途中軽食のようなものも提供された。アグラは昔の栄華の残像のような街、繁栄を極めたムガール朝の首都だった。わずか14年首都としてその栄光を担ったが、その後見捨てられて廃都となった。

　旅のハイライト、観光客の第一のお目当てでもあるタージ・マハル、白亜のドームは人類が地上に残した一粒の真珠のようなもの。ムガール帝国5代皇帝が、亡くなった王妃のために22年の歳月をかけて造営した白亜の霊廟である。

夕方には川の対岸の丘の上からタージ・マハルが夕陽に輝く姿を見たが、これも朝近くで見たのとは異なり素晴らしかった。また、アグラ城も見学したが、ここはタージ・マハルを作った皇帝が息子によって幽閉されたところで、赤砂岩で作られた重厚な城だ。ここから皇帝は亡き妻の素晴らしい白亜の廟を眺めただろうと言われているが、何とも悲しい話である。城内の庭には野生のリスがちょろちょろ動き回っていた。

　ジャイプールという街は全体がピンクに彩られているが、これは100年ほど前にここを訪れた王子を歓迎してピンクに染め、その色のままになっているとか。この街の「風の宮殿」は大通りに面したピンク色の立派な建物で、かつて宮廷の女性たちが宮殿の窓から街を見下ろしたという。彫刻を施したテラスがびっしり並び、通りを歩きながらつい見とれて立ち止まってしまうほど見事だ。

　この地には色鮮やかなバザールや街を包み込むような城砦があり、まるで中世の街のようだ。シティ・パレスには今もマハーラージャ（高位の王）が住み、一部は博物館になっている。入場したが、中にはジャイプールの王朝を物語る美術品、写本、世界で最も大きい銀製の瓶などとても豪華なものが収納されている。

　また、ここにある天文台は素晴らしかった。この街を築いた王は天文学に造詣が深く、ヨーロッパなどから書物を集め、他国の天文台も参考にインド各地の天体観測機を集めてきわめて精密な天文台を作った。この空間には10個以上のさまざまな観

測儀が置かれている。特にこのジャイプールの観測儀は巨大で数も多く、300年も経った今でもほぼ正確に測定できるという。

　デリーに戻り、フマユーン（ムガール帝国皇帝）の墓廟を見学。この建築様式は先のタージ・マハルに大きな影響を与えたと伝えられている。その周辺には青々と茂る緑のオアシスのように美しい公園が点在していた。17世紀に建てられたレッド・フォード城は赤砂岩でできた壮大な建物で、堅固な城壁の中には宮殿やお城などがあった。

　ある場所で休んでいると見慣れない帽子をかぶったインド人の一群が見学をしていた。現地ガイドによると彼らは南部の都市でIT産業などに携わっているエリートたちとのこと。そう言えば南部のバンガロールというところは「インドのシリコンバレー」と言われるほどIT都市として情報技術の開発が盛んだと記憶にあった。でもなんであんなに目立つ帽子をかぶってと不思議な感じがした。

　現在、インドはこの分野でさらに急成長して世界のトップ企業がここに開発の拠点を設けている。インドでは小学校でも掛け算の2桁、例えば12×34などまで暗記させるということも思い出した。ガンジス河近辺などで非常に貧困な地域を見てきただけに、IT開発や産業など盛んな地域との格差の大きさに割り切れない思いだ。

　インドでの現地ガイドは、体の大きい中年の知的な男性で、建築を学んだとのこと。とても感じの良いガイドで丁寧に案内、

説明してくれた。

　ただ、休憩のときにいつも「ここで15分/20分あげます」と言う。ちょっと気になって二人だけのときに「あげます」は普通目上から目下の人に使うので、「15分休みましょう」のほうが感じが良いのではと余計とは思ったが言ってしまった。私は日本語の教師なので特に気になると付け加えて、本当は英語の教師だけれども。

　でも、彼はすごく喜んで、それまで日本人を大勢案内したけど何も言われなかった、注意してくれてありがとうと礼を言われた。そして彼は最後まで「あげます」は一切使わなかったし、空港で別れるときにもう一度にこっとして「ありがとう」と言ってくれた。小さい親善ができたと嬉しかった。

　なお、インドといえば、戦後に極東裁判で東條さんたちの死刑に唯一人反対したのがインドのパル判事だった。戦勝国の人々が一方的に裁くやりかたに反対して、長い意見書を書いた。東條さんたちは彼の意見書を目にして、短歌に彼への感謝の意を表したとのこと。インドというと私はこのパル博士のことを思いだし、感謝の気持ちを抱く。

■マダガスカル

2013／4
hike・12日

固有種の宝庫マダガスカル大周遊ハイキング

マダガスカルの面積は日本の1.6倍、世界で4番目に大きい島国
だ。先史時代にアフリカ大陸から島は分裂し、さらにインド亜大
陸からも分離して形成された。

バオバブ、ツィンギー、キツネザルとの出会い、
サルとの大紛争

マダガスカルっていったいどこにあるのかと思う方も多いと
思う。私もアフリカ大陸の南東側にこんな素晴らしい島がある
とはそれまで知らなかった。

他の大陸の生物種との往来が少なくて孤立状態が長く続いた
ので生態系も独特の進化を遂げてきた。ここで生息する生物の
90％以上が他の土地では見られない固有種と聞いた。

しかし、20世紀に入って人口の増加や開発などで環境が破壊
され、それらも危機に陥っているとのこと。人々はこの地に紀
元前から住み始めたとか、いろいろな時代を経てフランスの植
民地から独立して共和制の主権国家が形成されたのは1960年で
ある。

まずはバンコク経由で首都のアンタナナリボへ。そこから空
路南の町に、そしてバスでベレンティ自然保護区に着いた。そ
の移動の3時間半、道はとても悪くバスはひっくり返りそうに
揺れた。熱帯雨林から半砂漠地帯へ自然が劇的に変わり、ウツ

2013/04/03

ボカズラや三角ヤシの群生などが見られた。牛に一つ瘤がつい
ているのを見たのもはじめてだった。

　保護区内ではワオキツネザルの黒白の輪が交互に入った長い
尻尾の乱舞が何ともかわいらしい。彼らは人懐っこく私たちの
回りを平気で飛び回っている。イタチ狐の尻尾も長く、そばに
近づいても逃げない。横っ飛びで有名なベローシファカという
サルは何ともユーモラス、ピョンピョンと真横にジャンプして
移動している。皆は写真を撮るのに夢中だった。

　近くで見ると何ともスットンキョウな、でもかわいらしい顔
をしている。前足が短く後ろ脚が発達して２本足で歩けるよう
になったとのこと。夜は夜行性のキツネザルを見にナイト
ウォーキングツアーに出かけた。東京では見られないようなき

れいな星空だった。

　二人ずつロッジに泊まったが、朝散歩をした後で朝食のカフェに行っていると、他の仲間が「大変よ」と叫んできた。私たちのロッジの閉めておいた窓を開けて何匹ものサルが入り、前日バスで移動の途中に買っておいたバナナを食べていた。匂いでわかったのだろう。追い払おうとしても最後の何匹は部屋からかなかなか逃げないのですごく苦労した。洗って干しておいた下着までくわえて持って行ってしまった。サルとの奮闘などはじめてで、ちょっと珍しいでも忘れられない事件だった。

　その日も保護区内を植物、鳥類、爬虫類などガイドの説明を聞きながら歩き回った。泥川を小さなカヌーで渡って島に。地元の人が川で洗濯をして土手に広げて乾かしていた。この小さな島にもサルたちがたくさんいた。バナナを少しでも手に置くとキツネザルなど次から次に寄ってくる、大声で鳴きわめき、私たちの頭でも肩でもおかまいなしに飛び交って、かわいいことはかわいいけれども。キツネザルだけでも40種類もいるとのことだ。

　マダガスカル原産というバナナに似たような大きな「旅人の樹」は圧巻だ。扇子形に左右に大きく拡がった形から扇子芭蕉との名前もあるとか。葉脈に水分をたくさん蓄えて棒で刺すと水が出てくる。これは乾燥地帯で旅人が飲料水の供給源として利用したことからついた名前だという。実際にこの樹から取った水を飲んでみた。特別な味はしなかった、でも環境に適応する自然の力に感心した。

カメレオンは森の中など至るところにいた。目を凝らすとホテルの庭などにも。指先に乗るような小さいのはとてもかわいいらしい。カメレオンファームというカメレオンの飼育場に入ったが、ここには色、形、大きさなどさまざまな珍しいカメレオンがいて驚くとともに楽しかった。

エメラルド色のカメレオンはきれいだったし、大きいのはちょっと怖い感じがするほど。世界のカメレオンの半数はマダガスカルにいて、すべて固有種とのこと。その他そこでは風変わりな爬虫類も見られた。

北部の街に行ったとき、そこで日本人兵士の慰霊碑を見た。マダガスカルの人々は第二次大戦時に日本海軍がやってきたら、自分たちを植民地から開放してくれると期待していたとか。1942年日本の二人乗りの潜水艦二艇がここの湾に侵攻し、そこでフランス軍と7日間戦い破れた由。マダガスカルの日本大使館が日本兵の遺骨を発掘して1976年に碑を建てた。「特潜四勇士慰霊碑」と刻まれた碑を見て、はるばるこんな遠くまで日本兵が来て戦ったのかと何かとても痛ましい思いがして、ただ頭を下げて祈った。

ツインギとはここのことばで「先の尖った」を意味するようにまさに剣山、剃刀の刃のように尖った小さな岩が無数に並んで岩の森を作っている。奇観ともいうべき神秘的な風景で、この国にはこれがいくつかあって、そこを訪ねてそばまで行って見たり、また展望台からツインギの山を一眺したりした。数万

年かけて石灰岩が雨や風に浸食された針の山のようなまさに別世界、自然の作った奇景だ。この珍しい地形はマダガスカル島以外には世界にほんの数ヵ所しかないとのことだ。

　また、この国で一番有名なのが『星の王子さま』の話の中に出てくる幻想的なバオバブの木。実際この目で見るまでは信じられないような不思議な形の木だ。別名「さかさまの木」というように巨木の上に根っこが張り出しているような姿で、高さ30m、直径10mくらいもあるものまで。乾燥した地でこの木は水を貯めることで生育しているとのこと、厳しい環境に適応する自然の力をここでも目の当たりにした。

　いろいろな場所でこの樹々を見たが、モロンダバナのバオバブ巨木群の並木道は素晴らしかった。特に夕日に染まるバオバ

2013/04/11

ブの林立している姿は素晴らしい、ちょっと離れた場所からの眺めはまさに神秘的だった。朝日に映えるバオバブも素晴らしいと聞いて、翌朝４時起きして出かけたのに曇っていて見られずに残念だった。

　ところどころで子供たちにも出会った。日本人は珍しいのか寄ってくる、大人たちも一緒に。子供は世界のどこでもかわいい、持っていたお菓子やアメをあげると、大喜びしてそこに集まった何人かでちゃんと分け合っていたのに感心した。

　マダガスカルは確かに日本からはとても遠いし、あまり日本人も行かないところだ。遠路はるばる出かけたけど、そこでしか見られない神秘的なツインギやバオバブの幻想的な風景を堪能し、また日本では見られない何種類ものかわいいサルたちを見るとか、まさに感動的な旅だった。

　80歳近くなってこんな遠くまで行ったけれど、やはりこれは素晴らしい旅で、行っただけのことはあった。

🇮🇸 アイスランド

2013/9
hike・9日

アイスランド大自然ハイキング

アイスランド、文字どおり「氷の国」。アイスランドの面積は、北海道と四国を合わせたくらい。人口密度は非常に低い。1600万年も前に火山活動で誕生した島国である。

火山の造り上げた荒々しい大地の奇景、珍しい温泉

　これまでに南極からわずか1000kmというパタゴニアの最南端まで行ったが、今度は今まで訪れた地の中では最北の国。

　北欧からのバイキングたちが自由を求めて移住してきたのが870年ごろ。13世紀ごろにはノルウェーに併合され、14世紀にはデンマークの領土にもなったが、20世紀はじめには自治を達成、1944年共和国として完全に独立した。氷と火山の国と言われているが、何度もの火山活動で地形は大きく変動し、溶岩の大地に氷河という変わった地形となった。

　日本から乗り継いで20時間もかかる地だが、私たちは直行便で9時間、首都レイキャビクへ着いた。まず「ゴールデンサークル」と呼ばれている世界的にも珍しい3つの観光地へ。それは迫力のある滝、ゲイシールの間欠泉、世界遺産の国立公園にある地球の割れ目「ギャウ」である。「ギャウ」とは聞いたこともない名前だが、北米プレートとユーラシアプレートが南北に貫かれ土地を引っ張り合ってできた土地の割れ目を指す。こ

れは一般には海底にあって地上ではこことアフリカでしか見られない由。

　この割れ目は毎年２、３cmずつ東西に広がって新しい土地が生まれているとか。つまり、アイスランドの国土は少しずつだが年々広がり続けているわけである。この本当に風変わりな地形、断層の間のえぐられたような低地を歴史の重みを感じながら私たちも歩いて行った。途中に旗竿が立っていて、そこは古代の民主議会が行われた場所で、人々が自由に意見を言える場所だったとか。これには驚いた、地球のいにしえからの営みと人類の長い歴史をともに感じられるすごいところだ。

　アイスランドには間欠泉が数多くあるが、ゲイシールは最大の規模で、間欠泉の英語名geyserガイザーの語源にまでなっている。60mほどまで熱湯を噴出する、これは迫力満点だ。一日に何回かというが私たちは運良く噴出するところを見ることができた。滝も数多くあるが、グトルフォスの滝は「黄金」の意味の名前通り、太陽に照らされて黄金色に輝いていた。水源が氷河からなので水量が多く、二段になって轟音を立てて流れ落ちる様子はまさに圧巻だ。水しぶきは展望台にまでかかってきた。

　また、南海岸でも滝はいくつか見た、特に「裏見の滝」は裏側がくりぬかれて洞窟のようになっていて裏側から落差40mほどのすごい滝の落下するのが眺められた。雨具で完全防備して水しぶきを浴びながら滝の裏を歩いた、はじめての体験で怖いようだったけれどもそれだけに裏から見た滝は迫力満点。また、

「森の滝」は戻ってくるとき振り返って見たらちょうど虹が出てきて素晴らしい眺めだった。

　氷河に囲まれた「氷河街道」を通って地熱地帯へ入る。そこでのハイキングは一風変わっていた。アイスランドの内陸部は人がほとんど住まずに閉ざされた世界で、夏の限られた間しか人の立ち入りはできない。そんな場所に私たちは入った、人影もなく静寂の中に地熱活動で蒸気の煙が何本も立ち上がる不思議な風景。溶岩の上は苔むしていて、踏みしめるとフワフワしていてこんな感覚ははじめてだった。

　また、南のほうのある海岸、ブラックサンドビーチにも行った。文字通り黒い砂浜に「柱状節理」が林立しているというこれもきわめて珍しい風景だ。火山から流れた溶岩が海に達して急速に冷え、固まって岸壁となったものとか。冷えるときに割れ目（節理）ができて柱のように見えることからついた名前とか。黒っぽい砂浜にこの壮大な岩の柱たちの岸壁はまるで神様が造った彫刻のよう、何とも壮絶で迫力があり、およそ他では見られない奇景だった。自然の威力に感心するばかり。

　その他アイスランドにはさまざまな特異な地形が見られた。200万年もかけて川がゆっくり削り取ってきたことでできた渓谷も歩いた。一続きの丘が川を通すようにそこだけ割れて形作る渓谷は何とも形容しがたい様相だ。「内陸の宝石」と称される地熱地帯は山肌が火山性の岩肌に覆われ、緑の草とのコントラストが見事だった。

レイキャビクに戻って、市内を観光した後、ブルーラグーン（青い潟）という世界最大との露天風呂を訪れ、実際に入ってみた。温泉といっても日本のとはまったく異なる。100％天然の温泉でミネラル分が豊富、名前の通り薄緑というか青色っぽく、地熱を利用して湯加減もちょうど良い。それが湖のように広がっている。ヨーロッパからの観光客も大勢来ていて、ヌルヌルする足元の泥を美肌効果があると顔や手に塗りまくって大騒ぎをしながら楽しんでいた。私も一時彼らと一緒にこの珍しい温泉を楽しんだ。

　オーロラが見えるかもしれないと言われていたが、あまり期待はしていなかった。ある晩遅くもうベッドに入っていたが、オーロラが見えるとの伝言に急いで外に出た。生涯で一度だけ見たオーロラはやはり幻想的で素晴らしかった。今もアイスランドで見たあの幻想的なオーロラの光景は目に浮かぶようだ。

　アイスランドは「漁業立国」として活躍していたが、20世紀半ば過ぎからいわゆる「タラ戦争」と呼ばれる漁獲権（魚は主にタラ）をめぐった紛争が主にイギリスと続いた。この紛争は第３次まで続いたが、結局は勝利し、自国民によって漁業量を制限するようになった。また、この国は軍事力を持たずNATO（北太西洋条約機構）に加盟している。軍事への経費の分を健康や教育などに回し福祉は充実している。動物園、植物園なども訪れたがすべて無料だった。

　大西洋の北に浮かぶごく小さい島だけど、世界平和度指数では2008年から現在まで１位を維持している！　ちなみに日本は

９位、日本は治安が良い、安全な国と思ってきたけれどアイスランドは素晴らしい。世界で一番治安の良い国とされているのだから。

　世界のはるか北、今まで体験したことのないような厳しい自然に囲まれた国だけど、さまざまな珍しい地形を目にし、その中を歩いて回る楽しい旅だった。

ドイツ

ビジネスクラスで行くドイツ浪漫紀行

ドイツは市や連邦国家の集合体だった中世の歴史などを経て、1930年ヒットラー政権の独裁国家に。第二次大戦で敗れて東西に分裂、1961年ベルリンの壁が築かれた。1989年壁は崩壊され、翌年統一国家となった。

歴史の重みを感じさせた国

　今まであまり多くの人は行かない比較的珍しい国を訪れ、ハイキングも楽しんできたが、今回はよく知られた国へ観光旅行、しかもビジネスで訪れた。私も80歳となりエコノミーとは一味違ったゆったりした気分で旅をしたかったので。

　また、今回は飛行機だけでなく、旅程も今までのよりゆったりしているようだった。以後、特にヨーロッパなど飛行時間が長い旅にはビジネスも使うようになった。

　このツアーはたまたま5組のカップルと私一人というメンバー構成。私は一人でもまったく平気だったが、皆さんけっこう気を使ってお仲間に入れてくださった。何しろ誰でもよく知っている国ということでドイツ観光について詳しくは書かないつもり。

　フランクフルトからワイマールへ、その静かな街でゲーテの家や広場を見学した。ゲーテは生涯の大半の年をここで過ごし、

ゆかりの場所も多い。1919年にはここで「ワイマール憲法」という民主的憲法が制定され、ドイツで初の共和国が誕生した。さらにゲーテ街道の一部をバスで通り抜けてポツダムへ。ここは北のヴェルサイユと言われるほど風光明媚な地で、ポツダム協定が結ばれた地でもある。

ここの宮殿の一つはポツダム会議の場所でもある。敗戦後米、英、ソ連の首脳が集まってドイツの処理などが話し合われた場所だった。会談が行われた部屋は当時のまま保存されていた。会談時の写真や書類なども展示されていた。同じ敗戦国の者として、そこは何かとても生々しい感じがした。

ベルリンではプロイセン王国の凱旋門として建てられたブランデンブルグ門を見物。川の中州に建っているベルガモン博物館に入場して、世界の古代建築物、美術、工芸品を鑑賞した。でもベルリンと言えば何といってもベルリンの壁のことが思い浮かぶ。これには私自身も関心があって、今回の旅でその後どうなったかこの目で見たい。同じ敗戦国だった日本とも重ね合わせて歴史の追体験をしたいと思った。

大戦に敗れたドイツは戦勝国のアメリカ、イギリス、フランスが西側を、ソ連が東側をと分割統治された。東側のほうが生活も苦しく西側へ移る人が多かったので、1961年一夜にしてベルリンに壁がソ連によって築かれ通行が遮断されてしまった。壁は東西冷戦の象徴であり、30年近く続いたが1989年壁に穴があけられ、一気に壁は破壊された。東西ドイツは再び統一国家となったのだ。

壁の一部は何ヵ所か残っていて、川沿いの壁は1km以上に
わたってギャラリーとなっていた。21ヵ国、116人の美術家た
ちが集まって描いたというカラフルな先鋭的デザインの壁画で
飾られていた。そんな見事なギャラリーになっているとは予想
もしなかったのでこれを見てひどく感動した。でも戦争の遺産
がこのような形で残され、若い人たちにも歴史を身近に感じさ
せる素晴らしいことと感心した。

　ドレスデンは再訪だったが宮殿や教会、城外壁に描かれた
「君主の行列」などを見学、そこからニュルンベルグへ、ここ
では音楽好きの私は即ワグナーの『ニュルンベルグのマイス
タージンガー』を思い出していた。この町は第二次大戦で90%

破壊されたが、ほぼ元の姿に復興されたとか、中世風の街並み
が美しかった。

　ミュンヘン近郊には白亜の名城・ノイシュバンシュタイン城
がある。この城の長い名前は「新しい白鳥城」の意味とか。こ
れはバイエルン国王が19世紀後半に17年もの才月と巨額の費用
をつぎ込んで現実から逃避し、自分の夢を実現させようと造ら
せた城とのこと。まるでおとぎの城のようで観光スポットでは
あるが、それまで見てきた中世の城とは異なり、歴史的重みは
感じられない。バスを降りてから城までの長い行列での行程で
見えた城の姿もまた素敵だった。
　緑豊かな森に囲まれてすっくと建つ真っ白の城は自然の景観
に溶け込んで何とも見事だ。内部はグループごとにガイドツ
アーで説明を聞きながら回った。王はワグナーが気に入ってい
て寝室や玉座の間など部屋ごとにワグナーの曲がモチーフに
なっているとのこと、素晴らしかった。ただ観光客が多くて入
場は時間指定制、実際に入れるまでかなりの待ち時間があった。
でも城を見上げながらの待ち時間はそれほど辛くはなかった。
　ロマンティック街道をバスで進んで中世の趣を残す城砦都
市・ローテンブルグへ着いた。ここではオプショナルツアー
だったので、私は一人で自由に歩き回った。大きな門をくぐっ
て旧市内へ、石畳の道を歩いて街の中心の広場に、いろいろな
お店を見て歩き、気に入った店でランチもおいしくいただいた。
　ケルンの大聖堂は世界最大級の大きさでさすが圧巻。２本の

天に向かって突き立った高い尖塔を見上げただけでただ圧倒された。あまりに大きいので全景の写真はかなり離れないと撮れない。内部にも入ったが、壁面の色鮮やかな豪華なステンドグラスや、さまざまな立派な美術品に目もくらむようだった。

　ただ、正面広場に一人の老婆が物乞いをしていたのが気になった。ドイツ人ではないかも知れないが、あまりに見事な大聖堂と何か不釣り合いな感じがした。ドイツはもう一度ゆっくり訪れたい国である。

カンボジア

アンコール・ワット6つの遺跡群ハイキング

カンボジアという国は一体どこにあるのだろうか。東から南にかけてはベトナムに、北はラオスとタイに接している。西は南シナ海に面している。国土面積は日本の半分位だが、人口は10分の1を少し上回る程度。

古の素晴らしい遺跡と恐ろしい地雷

アイスランドの旅行も同じだったが、これはツアー会社が飛行機一台を全部借り切り、チャーター機として効率良くいろいろなグループが一緒に行くツアーだった。観光のグループはいくつもあったし、私たちはハイキングのグループ。また中には車いすなど体の不自由な方々のグループなどもあった。

アンコール・ワットは写真では見たが、実物を一度は見てみたいと思っていたのでこのウォオーキングも兼ねたツアーに参加した。クメール語でアンコールとは王都のこと、ワットは寺院の意味。カンボジアでは9〜15世紀クメール王国のアンコール朝によって600以上の建物が建てられた。

新たな王が即位する度に新しい寺院が次々に建てられた。ヒンズー教から仏教へと移り、寺院も両者が入り混じってきた。クメール王国が陥落してからは荒廃し、数百年も熱帯のジャングルに埋もれていたが19世紀後半再発見され、世界遺産にも指

2014/01/11

定された。

　正味たった３日間の滞在だったが毎日よく歩き回り、素晴らしい遺跡を鑑賞した。一日目は密林にひっそり眠る巨大なペン・メリア寺院遺跡を見て回った、この名前は「花束の池」の意味とか。良質の砂岩で丁寧に作られていて、三重の回廊や十字型の中庭などもあった。回廊壁には阿修羅の綱引きなどいろいろな神や物語の描写も残されている。

　幻のコーケ遺跡は古い幻の都がおかれた場所で森の中にひっそり眠っている。都として栄えた時代が10数年と短くて、その後放棄されたままなので、それだけに謎も多い。ジャングルに苔むした遺跡が山のように横たわっている。密林の中央に最も大きい寺院があり、裏には40mものピラミッド型の建物もある。

足場がしっかりついているので私も実際に上ってみた。上からの眺めはまた格別で、昔の王都時代に夢を馳せた。

　翌日はまずアンコール・トムへ、これは寺院というより都城で、一辺３km、高さ８mもの城壁に囲まれた大きな城塞都市である。南大門から進んで行くが、両側には阿修羅や仏の像が並んでいる。正面には立派なバイヨン寺院が、中央の仏像は四面に顔がついている。アンコール遺跡群の中でもこれは最大で、現地の人はこれを「大アンコール」、ワットのほうを「小アンコール」と呼んでいるとか。

　ライ王のテラスや象のテラスなどがあり、象が鼻で蓮の花を取っているレリーフがある。それらを眺めながらゆっくりと歩いていった。壁にはびっしり精密な彫刻が施されていた。アンコール・ワットが築かれた後、他国から攻撃を受けて王都も一時的に占領された。この軍を撃破した王が即位し、アンコール朝は繁栄した。この最盛期の王が築いたのがアンコール・トムで、建築技術は最も優れていたとか。

　アンコール・ワットは、トムより早く12世紀前半に30年あまりの年月をかけて築かれた。ヒンズー教寺院と王の霊廟として。その時期はアンコール王朝の黄金期のまだはじめのころ。

　アンコール・ワットを取り囲む堀の参道を歩いていくと塔門の美しい姿が目に入る。第一、第二回廊を歩き絵巻物のような美しい彫刻の数々を鑑賞した。この浮彫細工、レリーフは国王の座をめぐる戦闘シーンや王が王座に座って指示する姿、象に乗って威喝する姿などさまざまあった。

3日目は早起きして朝日に映えるアンコール・ワットを見に出かけた。大勢の観光客がカメラを手に待ち受けていた。太陽が刻々と上がっていくにつれシルエットが徐々に浮かび上がり、その移り変わる様相は何ともいえず素晴らしい風景だった。前日に昼間見たのとはまた違った格別な趣だ。周りの人々、他の国からの観光客たちと一緒に思わず「ウァー」というような声を上げてしまった。

　朝食後、「アンコールの宝石」と言われるバンテアイスレイ遺跡に。これは紅色の砂岩を使った珍しい寺院で、暖色系で温かみが感じられた。この建築物を建てたのは王族の一人とその弟で、ともに高い芸術的感覚を持っていたとか、壮麗な造形作品である。「東洋のモナリザ」と称されるデバター像や美しい浮彫のレリーフを見て感心した。アンコール国立博物館も見学し、古代クメール文明についてより深い理解を得た。

　最後に訪れたのは神秘の水中遺跡、入山ゲートから山道を登って行くのだが、険しい勾配の坂道やけもの道のようなところを通って、そのうち美しい蝶や野鳥も見られる自然豊かな場所を進んでいった。私たちはハイキングのツアーなのでこんなところまで来られた。山頂部に小川があって、約200mに渡って川岸や水中に美しい遺跡が広がっていた。それまで見てきた赤灰色っぽい遺跡に対してみずみずしさが新鮮だった。11世紀ごろインド神話をモチーフにしたとのこと。

　この旅はごく短い日数だったが充分に堪能できた。なお荒れ果てたアンコール・ワットの修復作業に日本から上智大の方々

がいらして大変な努力されていることに感謝して。

　ただ、まだ地雷があるので勝手なところには行かないように
と現地ガイドから注意されたときには、太古の夢の世界に浸っ
ていたのが現実世界に引き戻された感じがした。

　神秘的で穏やかな顔の仏像や寺院の残る平和な土地カンボジ
アで実は近年血なまぐさい出来事が繰り広げられていた。シア
ヌーク王の元でフランスから独立したが、1970年王政が倒れて
から1993年に民主国家が成立するまでの間壮絶な内戦があった。
ベトナム戦争に巻き込まれ、アメリカによるクーデターなどで
カンボジア国内では闘争が続いた。アメリカと結んだ政府軍、
シアヌーク率いる旧政府軍、ポル・ポトら共産勢力の三つ巴で。

　ポル・ポトによる知識層の虐殺、自国の政府によって自国民
が殺されたのだ。何度か内戦が続き170万人ほどの人民が殺さ
れ、最終的に国連の介入で和平協定が結ばれた。

　しかし、多くの地雷はまだこの国に残っていて、死者やけが
人が多く出ている。その地雷除去作業には日本も協力している
と聞いて少しはホッとした。観光客の多くはアンコールの素晴
らしさにだけ目を奪われ、このような凄惨な事実にはあまり関
心を寄せないかもしれないけれども。

≡ コスタリカ

コスタリカ大自然ハイキング紀行

中米のニカラグアとパナマに挟まれた北海道より小さい国。世界の陸地面積のわずか0、003％にすぎないのに世界の全生物種の４％が確認されている。鳥類、蝶類、ランは何と10％も。小さい地域に珍しいほど多種多様な自然が濃縮されている貴重な国である。

自然に恵まれた小国、 鳥類の宝庫そして幸せな国民

　１億年以上も前、中米は海の底にあって北米と南米は隔たっていた。それが海底火山の活動で少しずつ隆起して300万年前ごろに中米が生じた。そこで鳥類も、昆虫、植物も北と南から移り住み生物多様性の環境ができたと言われている。私は特に鳥類などに興味を持っているわけではないが、この自然の楽園に魅かれた。

　特に今回は現地在住で政府公認のナチュラリスト・ガイドの日本人の方の案内という恵まれた旅だった。そして実際に現地に入って観察する前にそのガイドの方からコスタリカの自然、生物についての詳しい話が聞けてこれはとても参考になり、ありがたかった。

　アメリカのヒューストン乗り換えで首都・サンホセへ。そこから前に訪れた南米フェゴ島まで通じるアメリカンハイウエーの一部を通って世界のバードウオッチャー憧れの地モンテベル

デ自然保護区へ入った。ここは標高1800mの熱帯雲霧林と呼ばれる森で、雲と霧のみずみずしい神秘的な雰囲気だ。

　マイナスイオンが降り注ぐこの太古の森の中を珍しい植物や野鳥を見つけたりしながらゆっくり歩いた。高い樹々は苔やシダなど寄生植物におおわれていた。また、地上40〜50m、全長３kmほどの吊り橋があって、そこをこわごわ渡りながら周りの森を見下ろした。高いところから見る森の様子はまた違った雰囲気で新しい発見もあって、空中庭園を楽しんだ。これはまた素敵な森林浴でもあった。

　運良く「幻の鳥」とか「世界一美しい鳥」と称されるケツァールを見ることができた！　羽毛は光沢のあるエメラルドグリーン、胸は燃えるような真っ赤でくちばしは小さな黄色、何ともかわいく美しい。コスタリカはこの鳥の聖地でもあり、それをお目当ての観光客も多いと言われている。この鳥を見た人は幸せになるとのこと、簡単には見られないと聞いていたが、ガイドの案内でこの目で見られて嬉しかった。その写真は今も私の宝物として飾ってある。

「バターフライ・ガーデン」では羽が透明な蝶とか大きくて色鮮やかなものなど珍しい数々の蝶を見て楽しかった。また、「カエル博物館」ではここに棲む100種類以上もあるカエルのうちユニークなまた美しいカエルに見惚れてしまった。蝶にしてもカエルにしてもこんな種類が多いとは想像もしていなかった。

　モンテベルデからバスでこの国最大の人造湖アレナル湖へ行った。途中コーヒー畑やのどかな牧草地が広がっていた。

1968年のアレナル火山の大噴火でその麓から湧き出る泉が40度ほどになり、お湯が流れる渓流沿いの温泉となっている。まさに奇跡の自然だが、これは日本での温泉のイメージからはほど遠く、ちょっと想像しがたい。

　熱帯雨林の林の中に常時40度の清流が枝わかれして流れて、あちらこちらのくぼみに温泉となっている。ところどころに小さな滝もある。渓流沿いの道を熱帯の色鮮やかな花や草木を眺めながら歩き、どこでも自分の好きな場所で温泉に入れる。熱帯植物に囲まれた天然温泉に気持ち良く浸かり、また別のところに行って違った雰囲気の温泉に入るなど、まさに温泉のハシゴだ。私も周りの人と同様まるで子供に返ったように夢中になってこの珍しい温泉を次々と楽しんだ。

　またある日は水中の楽園と言われる川をボートに乗って野生動物の観察をした。この保護区はラムサール条約（世界湿地会議）に登録されている由、多くの水鳥が越冬にここを訪れるそうだ。ボートから川沿いに次から次に野生動物が見られる。真っ先に燕の一種がボートの周りをスイーッと飛んできては枝にとまった。

　ボートを岸辺の木に近づけてよく見ると枝の裏に小さなコウモリが張り付いていたり、鮮やかな緑色のトカゲがゆったり飛んで行く姿が見えたり。ヤマゼミも４種類それぞれ色や大きさが違うとか、私には見分けられなかったが。そんな大自然に囲まれてボートでいただいたピクニックランチは一段とおいし

かった。

　途中ナマケモノがいると言われて岸から上陸して近くまで行ってみた。名前の通りほとんどの時間灰色っぽい体を木の上に横たえてのんびり寝ているとか、毛むくじゃらでまるでボールのようだった。じっと動かずにとろんとしているナマケモノをこの目で見たのははじめてだった。ボートは北で接する**ニカラグア**との国境まで行き、ここがニカラグアかとはじめて見る国をつくづく眺めた。

　サンホセに戻りまたある日早起きして山のほうへ。そこでまたケツアール探しをしていて運良くもう一度見つけた。明るい光の中でオスの長い尾が一段と色鮮やかに見えた。二度もこの鳥を見られたことは何と運の良いこととみんな大喜びをした。市内に戻り植物園、大聖堂なども見学した。国立劇場は外観、内部ともにとても優雅で素晴らしかった。総工費25億円はコスタリカのコーヒーに税をかけて資金を集めパリのオペラ座をモデルに建設したとのこと。

　国立博物館は1949年まで陸軍本部だったので弾痕も残っている。その年民主制度が確立し、そこの文化広場で大統領が「今まで内戦で多数の人々が死亡した。それは武器があるからだ、この背後の兵舎をこわして武器を捨てここを博物館にしよう」と恒久的に軍隊を放棄した。1983年改めてコスタリカは永世積極的中立宣言を行った。

　こうして軍事費の分を福祉の充実に当てるので、この国では教育は大学まで無償、医療も無料とのこと。国民の幸福度や環

境への負荷などから決めた「地球幸福度指数」でコスタリカは
いつも上位、日本は50位以下。小さな国だけども素晴らしい国
だ。その広場に実際に立って当時の様子を思い浮かべ心から感
動した。元兵舎の博物館にも入ったが、中はこの国の歴史、文
明などに関する貴重な資料が展示されていた。

　実は先に訪れたアイスランドとコスタリカ、いずれも小さい
国で、この両国ともに軍隊を保有しないこと、火山国であり、
その結果温泉にも恵まれていることなど日本とも共通している。
こういう国を訪れることができたことは自然観察以外にもさま
ざまなことを考えさせられ、とても素晴らしい経験にもなった。

2014/7
hike・11日

■ アイルランド

妖精神話の国、南北アイルランド紀行

ヨーロッパ最果ての北海道よりちょっと小さいほどの島、アイルランドには、紀元前6世紀ごろケルト人らがやってきて先住民を支配統合した。8世紀北欧系の人々、バイキングがこの地を占領し、ここは城壁のある街に発展した。

南と北に分かれて、珍しい風景の数々

　12世紀後半イギリスの政治介入が始まり、イギリス人たちが入植した。19世紀はじめイギリスはアイルランドを併合し、プロテスタントを移住させた。そこでカトリック系の住民は抑圧された。

　これが北アイルランド問題の起源となった。1921年カトリック系の多いアイルランドは独立してアイルランド共和国になった。他方イギリス同様にプロテスタント系の多い北はそのまま英国領になっている。つまりアイルランドと一口に言うが、北と南、キリスト教の宗派によって住む人たちは分けられている。

　この地では19世紀半ばには疫病でジャガイモが収穫できず、ジャガイモ飢饉がおこって10万人以上人口が減少した。多くの農民がアメリカへ渡り、その記念の像をボストンで見たことがある。

　さて、そんな複雑なアイルランドだが、アブダビ経由でダブ

リンへ。そこから国境を越えてまず北アイルランドの首都ベルファストに到着した。ここは四国より小さいところだが、造船業を中心とする工業によってヴィクトリア女王統治時代に大きく発展した。その他機械、自動車、食品、化学などが盛んな工業都市である。

　まずタイタニック博物館を見学した。氷山に衝突して沈んだ悲劇の世界最大客船タイタニック号が建造されたのがこの地である。当時ベルファストはヨーロッパ最高の造船技術を誇っていた。100周年を記念して建てられたこの博物館はタイタニックと同じ高さの６階建てになっている。内部も広く建造の経緯や船内の紹介など至れり尽くせりの展示内容だった。以前アメリカでタイタニック沈没の映画を見たのを思い出し、今その建造現場に来ていて感慨深かった。

　市内で驚いたのは壁画が描かれたりしている分離壁が続いていたこと、中には10mほどの高い壁もあった。これは独立を主張する（カトリック）側とイギリスとの連合（プロテスタント）を主張する側の人々の居住地を分断しているとのこと。壁と言えばベルリンの壁しか思い出さなかったけれど、宗教が絡まっての分断という事実がこの国に現在もあるとは知らなかった。驚くとともに痛ましさを感じた。

　ベルファストを北上してアイリッシュ海を見ながら海岸沿いに進んで珍しい吊り橋のところへ行った。断崖と海に浮かぶ岩礁に渡された長さ20m、巾わずか１mほどの小さな吊り橋をこわごわ渡った、絶景とスリルを味わいながら。どういうわけか

ここは大人気で観光客が橋を渡るために大行列を作り、実際に渡るまでずいぶん長く待たされた。

その後、巨人伝説の生まれた奇景「ジャイアンツ・コーズウェイ」へ。これは6000万年の火山活動で流れ出た溶岩が急速に冷やされ、凝固する過程で規則正しい割れ目ができて、正六角形の石柱群が8kmにも渡って敷き詰められたように海に向かって伸びている。ここはイギリスの4つの世界遺産のうち最も早く受けたところとか。

断崖を縫うように遊歩道がついていてそこを歩きながら見渡せばまさに奇観。断崖沿いにはまるで宮殿のように高くそびえ立っているのもあり、巨人伝説にまつわり「巨人のオルガン」、「巨人のブーツ」などの名前のついた巨岩もあった。アイスランドで見た柱状節理は高く断崖となっていたので、同じものでも様相は異なっていた。

国境を越えてアイルランドに入る。映画『静かなる男』の舞台になった湖畔の村コングを散策した。ここの湖はアイルランド最大で365もの島があるとか、水はとてもきれいで飲めるほど。ボートに乗ってお城や教会が残っている島を眺めたりして楽しんだが、まるで海かと思うくらい大きい。

そこからバスで「モーハの断崖」へ。以前は要塞だったというこの断崖絶壁は高さ200m、8kmにもわたり大西洋に突き出ている。岩肌には黒い泥板岩と砂岩の層が美しくラインとなっている。強風が吹くと海水が水しぶきとなってかかってくる。

腹這って下を見る人たちもいたが、私はとても怖くてそんな真似はできなかった。

　また、長い年月の作り出した石灰岩の丘陵が続いている「バレン高原」は、緑が少ない不毛の地。そこの「巨人のテーブル」を訪れた。これは２ｍほどの高さの石が４つ、その上に平の石がのっていて、大きなテーブルのような格好をしている。巨人が使ったという伝説があってそんな名前をつけたのだろう。もっと大きいと思っていたがそれほどではなかった。あたり一面灰色の地面で特に何の風情もないところだ。

　フェリーでヨーロッパ古代歴史の最大の謎の一つとされているアラン諸島のうちのイニシュモア島に船で渡った。最西側にあるアラン諸島はケルト文化の中心で、今も人々は日常的にゲール語（アイルランド語）を使っているとか。イニシュモアとはゲール語で「大きい」の意味で３つの島の中では最大。島は石灰岩でできていて、石垣があちらこちらにある。土地の区画、動物の柵、風避け、それにここは風が強く畑の土が飛ばないためでもあるとのこと。

　岩だらけのこの土地に土を運び、海藻を蒔いて肥料にして何とか使える土地にしたと言われている。土の厚さわずか５ｃｍほどだ。８世紀に建てられた教会、修道院の遺跡が今は墓地として使われている。

　どういうわけか「妖精の家」と記された小さい家が何軒か点在している。本当にかわいく小さい子供ならおままごとにしたいような家。アイルランド自体が「妖精の国」と称されている。

ケルト人から語り継がれた物語や神話の中の妖精が今もいると信じられているからだとか。

　ケルト王国の遺構が残るタラの丘へ。ここは紀元前300年ごろにやってきたケルト人の聖地である。また、緑の丘が続く見晴らしの良い高台にケルト以前、5500年も前の巨大古墳があるニューグレンジを訪ねた。ヨーロッパ南部から移住してきた人々が大きな連合国家を形成し、ここがその中心だったと考えられる。

　ここの古墳には墓の中心まで1本の細い通路がある。中でも注目すべきは墓に続く通路は冬至の日にだけ日の光が真っ直ぐ墓室に届くように設計されていること。これは太陽を神としていたのではないか。また、周辺の石には渦巻状とかひし形などの模様が刻まれている。また、墓の外壁として積まれている白い石英の石はこの近くにはなく、80kmも離れたところから運ばれたはず。どう運んだのだろうか。

　ダブリンに戻って市内観光に。聖パトリック大聖堂や国立博物館などはさすが立派だ。トリニティ・カレッジ（Trinity College）は、1592年エリザベス女王一世が創設された由緒ある大学である。

　ここの立派な図書館でケルト美術の最高峰、「世界で最も美しい本」と言われる福音書の写本を見ることができた。その前室にはどのように作られたかなどの説明が記されている。8、9世紀に修道士によって作られ全680頁に及ぶなど。図書館に入るのには長い行列でずいぶん待たされたが、それだけの価値

はあった。

　最後の夜はこの国の伝統的リバーダンスを鑑賞した。20人ほ
どが一列に並び、上半身は直立したまま、手など動かさずに足
の動きだけでタップ、ステップ、ジャンプなどを踊る。はじめ
て見たダンスだったが、物悲しいような音楽の響きに合わせて
実に見事だった。アイルランドの印象を特に刻み込まれた。

　アイルランドは歴史的には複雑で悲しい出来事もあったけれ
ども、昔から変わらない厳しいけれども素晴らしい自然に恵ま
れ、見どころもたくさんあって楽しい旅だった。

　また、今回私には特別に素敵な思い出があった。旅行会社の
ツアーではその期間中に誕生日を迎える人にみんなでお祝いを
する。今まで何度か見てきたが、アイルランド滞在中たまたま
私の誕生日が重なった。

　ホテルで夕食が終わるころ、突然ハッピー・バースデイのメ
ロディーが流れてきて、厨房から大きなバースデー・ケーキが
私の目の前まで運ばれてきた。同行の皆が「ハッピー・バース
デイ」と言って拍手をして祝ってくれた。

　一人暮らしでこのように皆から誕生日を祝ってもらうことな
ど今までなかったので、とても嬉しく心温まる夜だった。ケー
キは切り分けられて皆でおいしくいただいた。

アゼルバイジャン、
グルジア、アルメニア

2014／5
10日

コーカサス３ヵ国周遊

コーカサス地方はロシアの西南のほう。黒海とカスピ海に挟まれた地域で北はロシア、東南はイラン、西南はトルコと接している。この地域は古くから東西交易の要所で多くの民族が往来し、異民族の侵入などで複雑な歴史を歩み、紛争が絶えなかった。

魅力に富んだ３つの国々、壮絶な民族問題も

　またまたあまり知られていない地域を訪れた。コーカサス（カフカス）地方とは一体どこにあるのだろう。事実私自身もそれまで知らなかった。

　言語、文化、宗教、民族とさまざまで、世界中で最も民族的に多様な地域とされている。16世紀以降ここはイラン、ロシアなどの争奪の場となった。当初はイランの支配を、そこへロシアが南下作戦をとって19世紀になるとロシアが支配した。これら３国とも旧ソ連構成国だったが、1991年のソ連解体によってそれぞれ独立したが、現在も不安定な状態は続き紛争はしばしば起こっている。

　アルメニアはソ連が、アゼルバイジャンはトルコ、イランが支援している。「ナガルノカラバフ」という自治州がアゼルバ

イジャン領土にあるが、住民の9割はアルメニア人である。ここをアルメニアに併合しようと武装闘争が起こり、ソ連崩壊後には全面戦争になって100万人もの難民が出た。

　こんな複雑な問題を抱えた地方とはつゆ知らず、未知の国々への旅にウキウキとして私は出発してしまった。

　まず乗り継ぎ地**カタール**で時間がたっぷりあって、予定外だったがバスでドーハ市内の観光という思いがけないおまけを楽しんだ。500頭ほどのラクダがいるラクダ市場を見学したがこれはそれまで見たことのない光景だった。ラクダはすべて食用になり、1頭5万円くらいからとか。

　"ドーハの悲劇"でおなじみのスタジアムや新しくオープンした大きなハリファ・スタジアムなど見学。ここは2022年のFIFAワールドカップの会場として使われるとか。また、立派な乗馬クラブもあった。カタールでは馬術は最も古いスポーツとか。また、市内の市場では香辛料、乳香、香木、水タバコなどなど珍しい物がいっぱい並んでいた。

　ドーハから空路**アゼルバイジャン**の首都・バクーへ。この国はコーカサス地方では最も大きい国、といっても日本の4分の1以下だ。カスピ海に沿って南のイランとの関係が密接で、またトルコとも友好関係にある。20世紀に入り油田が発見され、カスピ海で採掘される石油景気で「第二のドバイ」と呼ばれ経済的にも発展している。バクーの新市街は多くの高層ビルが目を引き、ヨーロッパの街並みというかまさにドバイのようだ。「殉教者の小道」という名前の高台の公園を歩いたが、そこに

はソ連やアルメニアとの戦争の犠牲となった市民のモニュメントや墓が並んでいる。ここの展望台からバクー市街とカスピ海のパノラマが見事に見渡せた。14〜15世紀に建てられたという宮殿はモスクや霊廟なども組み合わさって、イスラムの香がただよい、壁に刻まれた幾何学的文様が映えていた。バクーのシンボルとなっている乙女の塔は高さ30mもある石の要塞で12世紀以前に建てられたとか、古いものが多いと感心した。

　古都・シェキは昔のシルクロードの面影が強く残っている。シェキ・ハーン宮殿は18〜19世紀にこの地域を支配したハーンの居城（城砦と宮殿）で、7年間かけて作られた2階建ての木造建築は釘1本も使ってないとのこと。内壁と天井は精巧な植物や動物模様のフレスコ画で飾られ、宮殿は2年、装飾に8年

2014/05/28

かかったそうだがなかなか見事だった。

　この地は昔から養蚕が盛んで、特に18〜19世紀シェキのシルクは西欧でも広く知られ、買い付けに来る商人のための宿はこの国に５つもあり、シェキの宿は最大だったとか。現在そのキャラバンサライ（隊商宿）は改築されてホテルになっていて、そこのレストランで食事をした。とても立派で、裏庭には緑が鮮やかに、バラをはじめいろいろな花がきれいに咲いていた。昔ここでのにぎわいを想像した。

　バスで陸路国境を越えて**グルジア**（現・ジョージア）へ、ここはワインで有名、ブドウ農家を訪れて広い庭でワインとランチを御馳走になった。そこの子供たちはかわいくて人懐っこく近寄ってきたので、日本から持っていった折りツルなどあげたらとても喜んでくれた。

　私は旅にはよく折り紙を持っていく、バスの運転手さんたちにあげても喜んで運転席の前に飾ったりしている。なお、ここはワイン発祥の国とか、私もお土産に１本ワインを買った。

　グルジアは一日だけでアルメニアに入り、後日またグルジアにくるとのこと。そのときはまだこの地方の複雑な関係を知らなかったので何故と不審だった。先に述べたようにこれら３国は民族の興亡で領土も入り組み問題も多い。ともかくアゼルバイジャンとアルメニアは国交が断絶していて、直接の行き来はできないという複雑な状況は後になってわかった。

　アルメニアは歴史的には現在よりずっと広く、トルコのかな

りの部分までが領土だった。このあたりメソポタミアの一部で世界最古の文明発祥地でもあった。ここは火山性の高地で自然も厳しく、またアルメニア人のたどってきた歴史も厳しかった。紀元前4世紀には「アルメニア王国」が成立したが、アラブの侵入やペルシャなど異民族による侵略もあり、彼らの故国は断続的だった。多くのアルメニア人は故郷なき民族として世界中に離散していった。

19〜20世紀にかけてオスマン帝国に住む少数民族のアルメニア人は、キリスト教ということで迫害された。とりわけ1915〜17年にかけてオスマン帝国の時代トルコは国内に居住する少数民族の追放作戦として、アルメニア人たちを強制移住させた。その混乱もあって100万ほどのアルメニア人が命を落とした。これがトルコのアルメニア人大虐殺で、きわめて苛酷だった。

首都・エレバンにはトルコによる虐殺記念碑があり、そこで追悼式典も行われた。この問題は21世紀の現在まで世界的な問題となっている。オスマン帝国の主な継承国であるトルコは世界中から非難されているがトルコはこの事実を否定している。虐殺100年目の2015年にアメリカでも下院でこれをジェノサイド（殺戮）と認定する決議案を可決した。これらの問題も、私が実際にアルメニアを訪れていなかったらニュースになってもそれほど関心はなかったと思う。

ともかく国境を越えてアルメニアへ入り、川沿いに丘陵地帯をバスで進んだ。途中に点在している小さい村々の様子を車窓から眺め、その悲惨な歴史を当時は知らずにのどかな風景を愛

でていた。山間に立つ修道院を訪れ、コーカサス地方最大との
セバン湖に寄った。これは琵琶湖の2倍の広さとか、標高
1900mで世界で最も高地にあるものの一つ、湖周辺は風光明媚
で素晴らしい。そのほとりの修道院のあたりを散策して雄大な
湖の景色を楽しんだ。

　次に訪れたエレバンはアルメニアの首都。街の歴史は紀元前
にまでさかのぼり、現存する世界で最古の街の一つとか。街の
中心に広い共和国広場があって、そこを中心に歴史博物館など
の建物はバラ色っぽい石材で作られていて美しい。街には彫刻
があちらこちらに置かれているが、どういうわけか先鋭的とい
うか奇妙というか変わった作品ばかりだ。

　ここでは何といってもカスケード（幾筋にも分かれて落ちる
滝の意味）と呼ばれる高さ100m以上幅も50mほどの巨大階段
のモニュメントが目を引く。階段の踊り場にはきれいな花が咲
き乱れた花壇、噴水や彫刻なども置かれていた。何とも見事な
造形物。今までに見たことのない素晴らしい光景で、これを設
計した人はすごいと感嘆した。国内外から多くの観光客がきて
いたが、市民たちにも良い憩いの場だろう。

　修道院とアララト山が同時に見えるところで展望を楽しんだ。
アララト山は旧約聖書の創生記によるとノアの箱舟が漂着した
ところとか。標高5000mを超え頂上は雪におおわれた立派な山
で、今はトルコ領内だが、昔はアルメニアの領地だったので彼
らにとっては心の拠り所になっている。日本人にとっての富士
山のようなものだろう。でもそれが今は他国の領土にあるとい

う事実は彼らにとって辛いことだろう。

　アルメニア正教の本山エチミアジン大聖堂は素晴らしい。この聖堂の名前は「神の唯一の子が降りた」という意味とか。敷地内の博物館にはノアの箱舟の破片が展示されていて、本当？と首をかしげた。建設は７、８世紀頃とのこと、以来訪れる殉教者は絶え間がないとか。何しろアルメニアは301年に世界ではじめてキリスト教を国家宗教として正式に認めた国である。

　アルメニアはどういうわけか数多くの芸術家を出している。サロイアンは後にアメリカに移住したが私も好きな作家で、アメリカの庶民生活をさらりとユーモラスに描いている。ロシアの作曲家ハチャトリアンもアルメニア出身だし、ベルリン・フィルの指揮者カラヤンも先祖はアルメニア人だとか、その他画家など有名人も多い。そう言えばアルメニア人の名前はアンで終わっている場合が多いようだ。また国外追放でアメリカなどに渡った人たちの中には財界、実業界で成功した人々も多いと言われている。

　また、アルメニアの女性はとてもきれいで、顔立ちが他のコーカサスの人々とは少し変わっているように見えた。ある時公園でたむろしていた女性たちに話しかけた。英語は通じておしゃべりする機会があった。

　こちらが聞くより、彼女らは日本のことに興味があるらしく、いろいろ質問してきた。私も「顔を見ただけでアルメニア人とわかるか？」と聞いたところ、彼女たちは「すぐわかる」と言っていた。過酷な歴史的のもとでも母国のことを誇らかに

思っている姿に何か暖かい思いがした。

　再度国境を越えて**グルジア**へ入った。ここはヨーロッパの秘境と呼ばれるような国。首都・トビリシもマルコポーロが「絵に描いたように美しい」と称えたほど確かに美しい。川の流域に開けた街は緑も多く、昔ながらの石畳みの街並みが残って懐かしい雰囲気が感じられる。ロシア帝政時代のロシア建築とイラン色強いグルジア建築が混在して、独特の雰囲気を保っている。

　川のそばの丘の上には教会があって、そこからトビリシの旧市街を眺めた。旧市街には現在のグルジア正教会の総本山であるシオニ教会もある。この国にも歴史的に多くの民族が共存してきたことから、グルジア正教、ロシア教会、モスクなども共存している。ちなみにこの国はスターリンの出身地でもあり、彼の銅像が立っていたが、2010年に撤去されたという。

　コーカサスの麓を東西に走り抜ける道路はグルジア軍道と言われている。これは元々通商路としてかなり昔から往来があったが、18世紀末帝政ロシア進出から始まり、軍事用に建設したトビリシからロシア連邦に至る210kmの街道である。私たちはバスでこの道路を160kmも進み、途中17世紀に建てられた要塞建築の教会に立ち寄った。青色の人造湖を背に白い石造りの教会は目を引いた。

　その後、この道路の最高地点の十字架峠（2395m）に立ち寄った。あと少しでロシアとの国境だ。そこからさらに４WD

に乗り換えて進み、下車して山の小道を上って「天国に最も近い」と言われている山頂に立つサメバ教会までたどり着いた。

　14世紀に建てられたというこの教会はプーシキンが「日の光に照らされ、まるで雪に支えられて空中に浮かんでいるよう」と形容したほど。神秘的な光景で、何か別世界に来たような感じだった。またそこから眺める周りの景色も何ともいえないほど素晴らしかった。

　はじめにもちょっと触れたが、多民族が多く、複雑な領地問題を抱えるこの地方には「未承認国家」がある。これは国としての体裁は整えていても世界的には国と認められない地域のこと。アゼルバイジャンの西部の地域だが、アルメニアが実効支

配し、アルメニア人が多い「ナゴルノカラバフ自治州」のこと。現在世界にはこのような国が13ほどあるという。

　この州をめぐっての両国間の軍事衝突は絶え間なく続いてきたが、現在、本書執筆時にも大紛争がおきて死者も出たとのニュースが大きく取り上げられた。実際に訪れた土地だけにこのニュースはとても気になり、新聞なども注意して読んだ。何とか収まってくれるように願っている。コーカサス地方はあまり知られていない、複雑な民族問題を抱えてはいるが、これら３ヵ国はそれぞれに特徴があり魅力的な国々だった。

★ ベトナム

2015/3 6日

南部ホーチミンから北部ハノイまでの大縦断

ベトナムは東南アジア、南シナ海に面した南北に細長い地形で日本より少し小さい国。北は中国、西はラオス、南西はカンボジアと接している。ベトナムの歴史は複雑で、古くから時代時代に王朝が栄えたが、結局大国にもてあそばれてきた。

凄惨な戦争の歴史　生気あふれる街々

　中国の支配が1000年間、またフランスの植民地になり、仏印と呼ばれていたこともあった。当時独立運動に励んだのがホーチミン氏である。

　第二次世界大戦後に南と北に分断され、アメリカは南を、ソ連は北を支援した。1965年アメリカは北に大規模な空爆をしかけ、枯れ葉剤まで使ってその被害は大きかった。結局、アメリカとソ連の代理戦争でベトナムの民間人400万人以上も死傷者を出した。1973年アメリカ軍は大打撃を受け撤退した。北ベトナムの農村兵士ら（ベトコン）は歴史上はじめて大国アメリカを負かしたのだ。1976年にやっとベトナム社会主義共和国として独立した。

　なお、アメリカの戦争介入に反対する平和運動は欧米に広がり、年配の方は覚えてられるだろうが、当時日本でも「ベ平連」（ベトナム平和市民連合）として東京でもデモなどが盛ん

に行われた。若い方々は御存じないだろうが、枯れ葉剤のせい
で異常出産が増え、ベトちゃん・ドクちゃんのような奇形児も
生まれるようになった。枯れ葉剤のダイオキシンによるさまざ
まな障害は、4世代にもわたり現在までも続いているそうであ
る。

　まず最南にあるベトナム最大の都市ホーチミン市内で赤レン
ガの優美なサイゴン大教会、統一会堂などを見学した。中央郵
便局はフランス統治時代に建てられたヨーロッパ風な建物で、
当時の雰囲気を漂わせている。にぎやかな街の通りにはオート
バイが盛んに行き交うが、「ホンダ」と呼ばれているとのこと、
日本のHONDA製品が多いからとの説明をうけた。

　この地は19世紀フランスの植民地となって、一時期首都・サ
イゴンとして栄えた。ベトナム戦争終結後、先の建国の父ホー
チミンの偉業を称えてその名前をホーチミンと変更した。ここ
は首都ではないが、経済の中心地として現在は目覚ましい発展
をとげている。首都は北のハノイに移りそちらが政治の中心と
なったが、住民はホーチミン市のほうが多い。

　夜はここでベトナム伝統芸能の「水上人形劇」を鑑賞した。
水を張った舞台で民族楽器の演奏に合わせて、農民の暮らしや
龍や獅子の昔の話などいくつかの演目の芝居を操り人形が水上
で動き回って演じる。水の上でのお芝居など今までに見たこと
もなく風変わりな人形劇でとても楽しめた。操り人形の芝居に
してはよくできていると感心。

　ベトナムは細長い地形で国内線によって中部の古都フエに飛

んだ。ここは最後の王朝、グエン朝の都が置かれていたところである。川のほとりに王宮、寺院などの風格ある建物が点在している落ち着いた街並みだ。これら古い建物群はこの国初の世界遺産になっている。王朝の王宮は回りを4つの川で取り囲まれ、それが自然の堀になっている。中は広く数々の寺や宮などの建築物が、戦争で破壊されたがかなり修復されている。

カイディン帝陵は11年かけて造られたという西洋風の建物、石の階段の手すりには龍が刻まれ、120段もの階段を上るのは暑さもあって一苦労した。そこには馬や象、役人の石像が陵を見守っている。夜はフエの阮朝王宮の夜祭りで王宮へ出かけた。宮廷の兵管たちが出迎えてくれて中へ、無形文化財の華やかな宮廷舞踊を鑑賞しながら宮廷料理をいただいた。古の優美な王宮の様相と近年の血なまぐさい戦争との対比に何ともいえない感じがした。

バスで4時間ほど走ってホイアンへ。ここは15〜19世紀アジアとヨーロッパの交易の中心地として栄え、日本人町もあった由。ここではシクロという人力三輪車に乗って市内を観光した。木造で屋根付きの立派な橋が目を引いた。来遠橋（日本橋）との名前で、400年も昔この地が貿易港として栄えていたころここに住んでいた日本人たちによって架けられた。橋の姿は紙幣にも印刷されていて皆に知られているとのこと。橋の中には小さなお寺もあり、実際に渡ってみて当時日本からはるばるこの地へ来た人々のことに思いを寄せた。

2015/03/05

　この日の午後の自由時間、近くに高校（エリート校とか）が
あったので、訪れてみた。広くきれいな校庭をゆっくり散策し
ていると、２、３人の女子校生が寄ってきて、日本人とわかる
と英語で話しかけてきた。日本のことを知りたがり、そのうち
の一人は日本の大学に行きたいと熱心に語っていた。彼女の希
望が叶うことを願った。また、別の学生たちも加わって話がは
ずみ、私もとても楽しい時間を過ごした。

　また、国内線で北のハノイに、ここはこの国の首都で、政治、
文化の中心都市である。市内にあるホーチミン廟は大理石造り
でとても立派な建物だった。ベトナム革命を指導した建国の父
ホーチミンの遺体が安置され衛兵に守られていた。彼の肖像画
は公共の場所その他いろいろなところに飾られベトナム人の心

の拠り所になっている。

　観光名所となっているハロン湾には静かな湖面に大小2000も
の奇岩がそそり立ち、その景観は幻想的で素晴らしい。確かに
多くの観光客を呼び寄せていた。ハロンとは「龍が降りる地」
という意味とか、その昔外敵の侵攻に苦しんでいたこの地に龍
の親子が降り立ち、敵を打ち破って宝石を吹き出した。それら
が奇岩となって、それからは外敵の侵入を防いだという伝説が
ある。

　なお、ベトナムの代表的料理フォーは米の粉で作った麺で鶏
や牛がスープの具材となっているが、あっさりしていて日本人
の口にとてもよく合う。このフォーも南と北では味が違うよう
だが、それぞれおいしくいただいた。食べ物の話のついでに、
概してフランスの植民地だったところは食事がおいしい。ベト
ナムでも朝食のパンがとてもおいしかったのが記憶に残ってい
る。

　今回の旅はわずか6日間。それでも南から中部、北部と見ど
ころすべてを回れたし、それぞれの地を満喫できた。

　ベトナムは近年非常に高い経済成長率を誇っているし、外国
企業のベトナム進出も多い。また、観光業も盛んで日本からの
観光客も多くなった。それでも貧しくて日本に働きに来る人も
多い。日本での外国労働者のうちベトナムは中国に次いで2位
とか。つらい過去を経てきたベトナムを暖かく見ていきたい。

🟩 イタリア

2015／4
ビジネス・8日

南イタリアまでめぐる麗しのイタリア紀行

この地には紀元前8世紀にローマ帝国が誕生し、戦争に勝ち続け周りの国々を併合して欧州の中心地だった。しかし、ゲルマン人の侵入、スペインなどが攻め入り、イタリア王国として統一されたのは1861年。つまり、古くて新しい国である。

数多くの歴史的観光名所を回って、陽気なイタリア人

　文明は古いといったように、イタリアで特筆すべきは世界遺産の数が中国と並んで55と世界一多いこと。「ナポリを見てから死ね」という格言があるようにこの国は見どころが多い。私はそれまでヨーロッパ以外、あまり多くの観光客が行かない国を訪れることが多かったが、やはりイタリアは見てみたいとの気持ちが強くなって出発した。

　ヘルシンキ乗り換えでまずミラノに到着、市内を観光した。完成まで500年ほど費やしたという大聖堂には135本もの尖塔が立って荘厳なゴシック建築で圧巻、ただただ見ほれた。

　オペラの殿堂スカラ座は、外装こそ地味だけど内部はステンドグラスなど装飾が豪華けんらんである。ガラス屋根のついたアーケードは十字形の広い商店街で何とも魅力的だ。私にしては珍しく時間を取って歩き回り、中央の豪華なドームのところでは思わず見上げてしばしたたずんだ。

やはり初日にしてイタリアは何とすごいとただただ感心した。ミラノからバスで古都・ヴェローナへ。ここはロミオとジュリエットの舞台で有名なところ。ヒロインのジュリエットの家の前では観光客が皆バルコニーを見上げて写真を撮っていた。バラ色の落ち着いた街並みが美しい。

　町の中心広場には古代ローマ時代の大きな円形競技場の遺跡が、上部は崩れているがほぼそのまま残っていて、その姿には圧倒された。2000年も前のものだけど、現在も野外オペラに使われているとか。その横には美しい神殿風の建物があって今は市庁舎になっているとか。はるか昔と現代が入り混じっているような感じで、やはり歴史を感じさせる。

　ヴェローナから「アドリア海の女王」と呼ばれる水の都・ベニス（ヴェネツィア）へ。ここは4、5世紀からヴェネツィア共和国として15世紀まで全盛を誇ったところ。ベニスのシンボルともいえる中心地サンマルコ広場は世界中からの観光客でにぎわっていた。ナポレオンはかってここを「屋根のない宮殿」と称賛したとか。この街の守護聖人マルコを祀るサンマルコ大聖堂は荘厳でひと際目を引く。

　何しろここには150以上の運河が流れ、400以上の橋が架かっているとか。ある島では住民の半数がガラス産業にかかわり、伝統工芸品ヴェネチアングラスを製造し、また別の島にはレース編みの工房やショウルームがあってそれらにも立ち寄って見学したり買い物をしたりした。運河をゴンドラに乗っての

遊覧ははじめての経験でわくわく、水上都市ならではの楽しみだった。

　そこからバスで5時間ほど走り斜塔で有名なピサを訪れた。白い大理石で囲まれたこの塔は12世紀建設に着工し、途中で地盤が沈下して傾いたけれどもそのまま建設を続けたとのこと。300段近い階段を登れば屋上から素晴らしい展望が望めると聞いたがとてもその勇気はなかった。傾いたままよく立ち続けていると感心し、これがよく耳にする斜塔かと遠くから、また近づいてじっくり眺めた。

　花の聖母教会も大理石の幾何学模様で飾られた豪華でしかも荘厳な大聖堂だ。でも、私は何といってもバルディーニ庭園が

気に入った。ここは中世の庭園で、川の南岸、岡の斜面に階段状に花が植えられている。高台から花とともに下のほうにはフィレンツェの街も見下ろせる、その展望も素敵だった。もう少しじっくりここで楽しみたいと去るのが残念なくらい。ここから高速鉄道ユーロスターに乗ってナポリに。

　ナポリから高速船でカプリ島へ着いた。ここでは深い青をたたえる幻想的な青の洞窟が観光客のお目当てだが、潮の加減で行けないとの知らせに期待していただけに残念だった。

　そこで自由時間になり、他の人々はお店めぐりを、私はリフトに乗ってソラール山へ向かった。一人乗りのリフトから眺めると真下はレモンの林で黄色一色に、また、丘の上から眺めると空の青と海の青が素晴らしかった。青の洞窟には行けなかったけれども、ここで充分楽しめて満足した。

　そこから世界一美しい海岸と称されるアマルフィ海岸のドライブへ。ここは温暖で風光明媚な地、海に迫る急こう配の斜面に太陽の光に白く輝く家々、別荘などが点在してまるで絵画のようだ。その中心に位置する街はかってのアマルフィ共和国の古都で今は観光の拠点、大勢の観光客がひしめいていた。

　広場の階段の上部に教会堂が街を見下ろすように立っていて、正面のさまざまな色のモザイクが輝いていた。そこから広がる道を進んで行き、特産のレモンやオレンジなどを売る店々を覗きながら、自由に広場などを見て回って楽しんだ。ここは何といってもレモンの名産地。お土産に買ったのはレモン石鹸、日本で使う度にとても甘くさわやかな香りがしてナポリの良い思

い出となった。

　そこから主都・ローマへ。歴史地区の観光で古代円形競技場
コロッセを見た。もちろん半壊状態だが古代ローマを象徴する
素晴らしい建造物で、2000年という歴史を感じさせた。4階建
ての巨大な競技場で、そのスケールの大きさに感嘆した。約5
万人を収容する観客席があり、6世紀前半まで実際に使われて
いたとか。その他何ヵ所か見学したが、ローマでは何といって
もバチカンだ。

　バチカン市国は世界で一番小さい独立国、面積も日比谷公園
の3倍弱、人口も800人ほどとのこと。それでもここはカトリッ
クの総本山・ローマ法王の御座所である。居住者は法王と聖職
者たち、また国を警備するスイス人の衛兵がいる。実はそれま
でバチカンはイタリアの一部で独立した国とは知らなかった。

　ここには美術館や博物館、礼拝堂などがある。まずサン・ピ
エトロ大聖堂へ、ここは初代教皇ペテロの墓地に建っている。
中央の大クーポラ（ドーム）はミケランジェロの設計とか。こ
こから大聖堂内部が見下ろせる。バチカン宮殿（博物館）は14
世紀以来法王の住居となった場所で、その中には20以上の美術
館、博物館、そして数多くの礼拝堂や図書館などがある。美術
館のコレクションは歴代の法王が集められた絵画、彫刻などが
中心とか、いずれも美術的価値の高い物ばかり。

　システィーナ礼拝堂は宮殿の奥にあり、法王の公的礼拝堂で
ある。特に天井に描かれたミケランジェロの『最後の審判』の

あるところとして知られている。ボッティチェリらによって両側の壁は描かれたが、その後、天井と残った壁画がミケランジェロによって描かれた。この絵は絵画史上の大傑作と言われるが、その劇的な構成にただ圧倒された。この目で見られた幸せを感じた。

　壁画、天井画ともに旧約聖書から題材をとっていて、正面の『最後の審判』を背に左側はキリスト伝、右はモーゼ伝を主題としている。何年にもわたって修復作業がなされて、ミケランジェロの絵は鮮やかな色彩を保っている。

　イタリアはやはりどの国にもまして見どころ満載、すごく充実した旅と感じた。なおイタリア人は一般に陽気でおしゃべりと言われている。現地で会った人々もまさにその通りだった。お店の人もニコニコしていろいろ話しかけてくれた。

　現地の人と話すと、他の国では日本について聞きたがるけど、「イタリアではこれまでどこを見たか」、「これからどこに行くか」など、やはり自分の国に見どころがたくさんあることを誇りにしているからだろうか。

　私たちの乗ったあるバスの運転手さんは、駐車場で私たちを下ろし、観光から戻って私たちが乗車するとき、笑顔で毎回一人一人に元気な声で「オカエリ」と言ってくれた。わざわざ日本語を覚えて声掛けをしてくれたこと、何か疲れを吹き飛ばしてくれるような感じだった。こんなことはイタリアでだけ、１回限りのことだったが忘れられない経験で、イタリア人の良さを感じた。

クロアチア、スロベニア、ボスニア・ヘルツェゴビナ

2015／10
ビジネス・8日

3ヵ国探訪紀行

歴史上、この地域は民族間の紛争が激しかった。東側陣営として
ユーゴスラビア社会連邦共和国6ヵ国に属していたが、冷戦終結
でクロアチアとスロベニアが独立した。ボスニアは内戦も激し
く、1995年にボスニア連邦とセルビア人共和国と2つの構成体
からなる国家となった。

豊かな美しい自然と民族の紛争

　これら3国は一体どこにあるのだろうか。私も実際に訪れる
まではそれらがどんな国でどこにあるかも知らなかった。ヨー
ロッパの東南部、バルカン半島の一部でもあり、東と西の出会
うあたり、アドリア海を挟んでイタリアの東側に面している。

　オーストリア乗り換えでまず**スロベニア**に、この国は3国の
中では最も北、北はオーストリア、東はハンガリー、西はイタ
リアと接している。国土は四国とほぼ同じくらいで小さい、し
かもその半分以上が森林で、ヨーロッパでは森林比率3位であ
る。人口はわずか200万人ほど、豊かな自然に囲まれて、石灰
岩の多いカルスト地形の宝庫で国内には鍾乳洞がいくつもある。

　まず「宝石のように美しい」とか「アルプスの瞳」と称えら

2015/10/16

　れるブレッド湖を訪れた。鏡のように澄み切った青い湖面、向こうの方にスロベニア唯一の島、ブレッド島が見えて緑の樹々の間から教会とその白い鐘楼が目につく。この島も「おとぎのような島」と言われている。手こぎボートに乗って湖を遊覧してその島に上陸した。島では教会にも入ってみた、また島から眺める美しい湖のパノラマの景色を楽しんだ。

　湖の北側の100m以上の断崖に垂直に建てられている白いブレッド城はこの国最古の城とのこと。これはヨーロッパに現存する唯一の洞窟城で、そこから見下ろした湖、島の光景は回りの山並みに囲まれて絶景だった。何か夢の世界にいるような感じだった。

　この国はカルスト地形で、国内に１万ほどの鍾乳洞が発見さ

れている。その中でも最大、最も有名なポストイナ鍾乳洞を訪れた。ここは世界２位、ヨーロッパ最大級で27kmという大きさ。それに一つの鍾乳洞でここほど多くの種類の鍾乳石が見られるところは世界にもないとのこと。10万年以上にわたり川が石灰岩を侵食してできたとか、まさに地球の神秘だ。

　広いのでトロッコに乗ったりまた歩いたり、ガイドの説明を聞きながら見物した。トロッコ列車で美しい自然の造形の中をめぐり、アーチ形の天井から垂れ下がる巨大なシャンデリアのような鍾乳石の下をくぐったのは忘れられない思い出だ。

　ライトアップされたさまざまな形の鍾乳石はまさしく幻想的で、地中に広がる鍾乳洞の中に広がるカラフルな世界はまるで絵画の中のようだった。日本やアメリカなどで今まで見てきた大きな鍾乳洞の中でもここは最高だった。

　クロアチアは九州の1.5倍ほどの広さの国なのに1000を超す島々があり、青く澄み渡るアドリア海に細長く接し、神秘的な森や湖に恵まれている。国の人口の２倍以上の観光客が来るとのこと。街の中を滝が流れているのを見たのもはじめてだったが、何ともいえない光景で感動した。まずプリトヴィツェ湖畔国立公園を訪れたが、ここのエメラルドグリーンの美しい湖は30万年も前からの透明度を保っているとか。

　ここは大小16もの湖が階段状につながって、そこに無数の滝がつらなっている壮大な湖だ。広大な森の深緑に映えるエメラルドグリーンの湖を眺めながらボートに乗ったり細い木道を歩

2015/10/17

いたりして楽しんだ。まるで夢の世界にいるような感じだった。白い水煙を上げて流れ落ちる数々の滝は景色に美しい彩りを添え、また大滝の下に出るとその迫力に圧倒された。

「アドリア海の真珠」と言われるドゥブロヴニクはきれいな中世の街。頑丈な城壁で囲まれている。15〜16世紀に海洋国家として栄えた旧市街には中世風の建築群がぎっしり。オレンジ色に統一された屋根の家々が連なって、それが紺碧のアドリア海に映えて素晴らしい。ロープ・ウェイでスルジ山へ上り展望台からそれらを見下ろすと絶景だ。

　展望台から降りて旧市街に入り建物群の間を歩き回り、また階段を上って城壁の上を歩いて眺め下ろした。まるで童話の世界のようだった。街の中には中世風な銀細工の店などがいくつ

も並んで活気を呈していた。半日自由時間でこの街をたっぷり歩き回って楽しんだ。なお、クロアチアで今回見て回った4ヶ所はすべて世界遺産に登録されている。

　ボスニア・ヘルツェゴビナはユーゴスラビア連合から独立するときクロアチアやスロベニアのようにはすんなりはいかなかった。多民族国家だったので、独立の可否や国の在り方などをめぐって民族間の紛争が続いた。1992年から3年ほど全土で内戦が続いて多くの死者や避難者を出してきた。内戦を経て1995年にやっと独立した。

　ただ、この国は住民の住み分けで、ボスニア・ヘルツェゴビナ（ムスリム系）とスルプスカ共和国（セルビア系）の連邦国家となっている。なおボスニアの国づくりには日本もかなり経済的支援を続けてきたとのこと。

　首都・サラエボ近くのモスタルは世界遺産の街で、イスラムとヨーロッパが溶け合った美しい街だ。橋を渡って旧市街を歩くとにぎやかにお土産屋さんが並び、色鮮やかなかわいい陶器の小物がずらりと並んでいた。あまりかわいく一つ小さいのをお土産に買った。

　また、キリスト教会や古いイスラム寺院もありその中庭を散策した。サラエボ市内を走るバスの車両は日本の無償資金によるものとのこと。貧しい国に日本がいろいろ援助しているのを知ると本当に嬉しい。

　さて、私たちが渡ったアーチ型の美しい石橋はこの街のシン

ボルで、ラテン橋という名前のいわれのある橋だ。橋の両側には塔が立ち、深緑色の川の流れに映えて何とも見事だ。この橋は最初16世紀にオスマントルコの支配下に造られたが、1993年紛争中に破壊された。

2004年ユネスコの協力で、この橋は多民族共存を象徴する平和のシンボルとして立派な石橋として再建され、世界遺産にも指定された。以来橋を境に先に述べたようにムスリム人とセルビア人が住み分けている。

なお、この場所には歴史的ないわれもある。以前オーストリア・ハンガリー帝国が占領していたが、1914年オーストリア皇太子が当地を訪れたとき、ちょうどこの橋の近くで当地の青年らに暗殺された。このサラエボ事件をきっかけに第一次大戦が

2015/10/20

起こったといういわく付きの場所である。

　まさに歴史を語る橋としてしばらく眺めていたが、立ち去りがたかった。現地に行ってその橋を見て、実際に渡って、はじめて実感として大きな歴史の転換を感じ取った。

　今回の３国の旅は、クロアチア、スロベニアともにそれぞれ豊かな自然に恵まれ、日本では見ることができないような美しい自然を堪能できた。しかし、最後に訪れたボスニアでは旧市街のにぎやかさの裏に今記したような暗い歴史が潜んでいたことを知った。島国の日本では想像できない多民族国家の問題をまたここでも痛感した。

　それでも現地の人々は明るく親切だった。３ヵ国語が公用語というが、店などでは英語もけっこう通じた。モスタルでたまたまのんびりと同じ店を覗いていた若い女性に英語で話しかけたら、嬉しそうにすぐ話に乗ってきて、日本のことにも興味を持って聞いてきた。暗い歴史など感じさせない人々の明るさにちょっとほっとした。

■ スリランカ

2016／6
ビジネス・8日

祈りと夢の国スリランカ紀行

スリランカはインドのちょっと南、インド洋に浮かぶ島国で、大きさはインドの50分の1ほど、北海道より小さい国。赤道に近く、海のシルクロードの中継地として栄えた豊かな島は大自然の宝庫であり、古代遺跡や、8つもの世界遺産がある。

自然の宝庫と仏教関係の貴重な遺跡

私は特にスリランカに行きたいという特別の思いがあった。それは最後に説明するが、この国は日本にとって大恩人を生み出した国だから。

16世紀ポルトガル人がここに進出し、17世紀にはオランダが、次いでイギリスが植民地化した。1948年イギリスから自治領のセイロンとして独立し、1972年ついにイギリスから完全に独立して国名もセイロンから元来の民族名スリランカに変更して、スリランカ共和国となった。

その名前はスリ（光り輝く）、ランカ（島）、つまり「光輝く島」という意味だ。以前ミシガンにいたころ、セイロンから来たという背の高いハンサムな男性がいて親しくなり、セイロンという国名が私には刻み込まれていた。国名について、元来のスリランカという名前は、イギリスの植民地時代に英語でsとrのつながりが発音しにくいのでセイロンに変え、独立後また元

の名称に戻したといういきさつがあったとのこと。

　直行便で日本から10時間コロンボ着でダンブッラへ、ここの丘陵地帯にはスリランカ最大の石窟寺院がある。紀元前１世紀に造られたのが最初という。薄暗い石段を登っていくと大きな岩山の頂上に天然の石窟がいくつも見える。石窟内には150体もの仏像が並んで、洞窟の天井や壁に描かれた極彩色の鮮やかな壁画が素晴らしかった。

　ひんやりした石窟の中はまさに宇宙空間のよう、ずらりと並んでいる仏像に圧倒された。大きな寝釈迦像も見事だ。ちょうど中高生くらいの学生たちが団体で見学に来ていた。この国では他の場所でも学生の社会科見学によく出会ったが、どこでも学生たちはみんなとても規律正しくまた礼儀正しくて感心した。

　次にインドから仏教を伝えて2000年間続いたシンハラ王朝最古の都を訪れた。この町の中心に菩提樹が植わっている。これはその木の下で仏陀が悟りを開いたというインドのブッダガヤ菩提樹から根分けされた樹齢2000年のものとか。周囲には野生動物からこの樹を守るために石や鉄柵が張り巡らされていた。ここには修行僧や熱心な仏教徒が絶え間なく訪れると聞いたが、その日も多くの巡礼者が祈りを捧げに来ていた。

　ここには紀元前に当時の王が仏教を保護するための目的で建てたという古い寺院があり、周囲の壁に刻まれた彫刻が美しい。多くの寺院は敷地も広く、門で靴を脱いで預けて裸足で歩かなくてはならない。

　訪れた時期は２月だったがここは灼熱の暑さ。入り口までの

長い道を外国人は靴下を履いたままでも許されていたが、それでも足裏が焼けるように熱かった。現地の人たちは皆裸足で歩いていた。この国では仏教徒は全人口の70％、今まで見てきたように寺院などの遺跡が残っている。

2016/02/13

　この国で一番有名で観光客のお目当てはシギリア・ロックだ。広大なジャングルの中に周囲の緑とは対照的に高さ200mほどの赤茶っぽい岩がガンと空に向かって垂直に切り立っている。かつてこの岩の上にはわずか10年ほどしか使われなかったが華麗な王宮があったとか。伝説によると5世紀ごろ、父を殺して強引に王座に就いた王子は弟の復讐を恐れて、罪の重さに苦しみ王宮を岩山の頂上に築いたという。

頂上まで1200の階段を上るが、最初は岩の階段、次にらせん階段を上ると岩山の中腹に笑みを浮かべたシーギリア・レディと呼ばれる天女のフレスコ画が色鮮やかに残っているのが見える。そこから降りていくと巨大なライオンをかたどった門が天空の城の入り口になっている。山頂にはかっての華麗な王宮の跡はなく広い草地原になっていた。ただ山頂から180度見下ろせる緑深いジャングルの眺めは素晴らしかった。

　実はこの山までの長い道のりに大勢の若者が「I am a help」と言って観光客に手助けを呼びかけていた。何がしかの礼金で手を引いたり背中を押したりして登る手助けをしてくれるようだ。白髪の私は何度も呼びかけられたがその度に、ただ「No」とだけでは悪いようで、「I can go up by myself」自分で登れると断るのに忙しかった。山登りをしていた私にはこれはごく軽い登りだったので。実際に登ってやはりちょっとした達成感があり、上からの眺望を楽しんだ。

　ボロンナルワは10〜12世紀にかけてシンハラ王朝の都として栄えたところ。現在アジア有数の大遺跡群として知られている。中心の四辺形には城壁に囲まれて12の建物があったという。また、天然石に刻まれた穏やかな表情の３体の仏像（涅槃像、立像、座像）が並んでいる。これらはスリランカ芸術の傑作として広く知られている。

　キャンディは植民地支配に反対するスリランカ最後の王朝が建設した地。山に囲まれた地は敵の侵入から町を守り、300年以上ここでシンハラ王朝の文化の華を咲かせた。

しかし、19世紀はじめイギリス軍がついにここを攻め落とし、スリランカはイギリスの植民地となって、街も英国風になった。それでも過ぎ去った時代の栄華を漂わせていた。ちょうど日本人にとっての京都という感覚だと思う。

きれいな湖のほとりに建つ仏歯寺は文字通り4世紀にインドから渡来したという仏陀の歯が安置されている壮大な美しい寺院である。訪れたのは夕方だったのでライトアップされて特に見事だった。いつも絶えることなく参拝者が訪れると言われている通り、その日も多数の観光客や現地の仏教徒らがごったがえしていた。

仏歯は宝石に飾られた仏塔に大切に収められていて、その部屋が開けられるのは日に三度だけとか。私たちもそれに合わせて寺に入ったが、仏塔までたどり着くのに長い行列だった。大勢の仏教徒がハスの花を手にして真剣に祈りを捧げていた。観光客や地元の信者たちにまざって私たちも花を供えお祈りをした。

その後この国最大の紅茶の産地へ向かった。スリランカは紅茶生産量世界2位、輸出量は世界一だ。イギリス植民地時代に大規模な紅茶農園が造られたのが始まりとか。標高が高く寒暖の差が大きい気候が上質な茶葉を生むと言われている。広大な山肌一面をおおう茶畑は日差しを浴びて輝いて素晴らしかった。

最初に記したように、日本はこの国に感謝しなければならない。敗戦後日本は連合国軍の占領下におかれた。1951年サンフランシスコ講和会談では日本に対し戦勝国の四分割案など手厳

しい制裁処置が求められた。

　スリランカのジャヤワルダナ氏（後の大統領）は演説で日本は植民地にもならず、今までアジアの国々のお手本だった。日本が掲げた理想に独立を望むアジアの人々は共感を得たと述べ、分割案に反対した。

「恨みは恨みによっては果たされず、慈悲によってのみ消え去る」という仏教のことばを引用して、賠償請求権も放棄すると述べた。この演説が各国の賛同を得て日本は独立を勝ち取り、主権が回復され、国際社会に復帰できたのだ。戦後初の国交を結んだのもスリランカだった。もちろん日本も以後かなり資金援助はしている。また、彼は1988年死去の折、網膜提供の意思を示し、右目はスリランカ人に、左目は日本人にと言い、事実ある日本女性はその恩恵にあずかった。

　この話はスリランカでは教科書にも載っているのに、日本人がほとんど知らないのはとても残念だ。私はたまたま仏教関係の雑誌でかなり前にこの話を読み、深く感動してスリランカを訪れたいと思うようになった。現地で教師をしているという人と話す機会があり、この話のことで私が謝意を伝えるとすごく喜んでくれた。

　なお、コロンボは大きな都市だが首都ではない。そのすぐ近くの現在の首都の名前は非常に長い。その中にこの大統領の名前が入っている、直訳すれば「光り輝くジャヤワルダナの町」と。

　なお、この国出身の建築家ジェフリー・パワーは世界を旅し

て西洋建築などを学び、故郷の自然も取り入れた建物をいくつ
か設計した。もう一度スリランカを訪れる機会があれば、彼の
代表作でもある緑に埋もれるホテルに泊まってみたいと思う。

スペイン、ポルトガル

９つの世界遺産への旅

スペインは８世紀はじめから300年ほどイスラム教徒に占領、支配された。11世紀ごろからキリスト教徒らはイスラムへの反撃の運動レコンキスタを展開した。1492年イスラム勢力は撤退し、スペイン王国が誕生。ポルトガル王国は少し早く13世紀までに建立。

豪華な２ヵ国　イスラム教からキリスト教へ

　スペインはそれまでにも寄ったことはあったが、訪れていないところも多かったし、ポルトガルははじめてで行ってみたい国だった。二つの国を１回の旅で見られるのは素晴らしいとこの旅に参加した。

　王国成立と同じ1492年スペイン王の命令でコロンブスは大西洋横断に成功、新大陸を発見した。スペインは発展して大航海時代となり、アメリカ中南米のほとんどの地を植民地化して、金銀財宝を略奪した。ポルトガルはアフリカ西海岸に進出、西回りの航路で南米ではブラジルを植民地化した。また、インドを中心に香辛料など中継貿易に励み発展していった。

　今回はこれら２ヶ国９つの世界遺産をめぐる旅であるが、スペイン全土の世界遺産はイタリア、中国の55に次いで48ヶ所もある。まず**スペイン**ではバロセロナに着いた。ここは芸術の街、

サグラダ・ファミリア（聖家族教会）観光から始まった。着工して140年近く、豪華な建物だが今日もまだガウディが準備したプランに従って建築が進められている。以前ピレネーハイキングのときもここは訪れていて二度目だが、今回は時間もたっぷりあってゆっくり見学できた。中に入ってエレベーターで鐘楼へも登り市街を一望した。

　工房では主任彫刻家である日本人の仕事ぶりも見た。外尾悦郎氏は40年ほどここで働き、ガウディの意思を最も深く受け継いでいると言われ、素晴らしい仕事をしている由。日本人が海外でこんなに大活躍しているのを見てとても感動した。これからも頑張ってと心の中でエールを送った。他の国でも、たとえ小さなお店や料理店などでも日本人が頑張って働いているのを見るのは嬉しいことだ。

　バルセロナはスペインの最北東部、地中海に面している。午後は自由だったので海岸沿いに地中海を眺めながら歩いた。海を指さしているコロンブスのモニュメントが立っていて、それを見上げてこの人が大西洋をはじめて横断し、アメリカ大陸を発見したのかと感動した。そこからバロセロナ屈指のお店の立ち並ぶ美しい並木道をカタルニア広場まで歩いた。スペインの雰囲気が感じ取れた。

　翌朝早く出発前にホテルの近くを散歩していたら素晴らしい建物を目にして、こんなきれいな建物は何かしらとしばらく眺めていた。後にそれはサンパウ病院で「世界一美しい病院」として有名だとわかった、老朽化したのを20世紀に修復したとか。

たまたま巡り合ってじっくり見られて運が良かった、まさに早起きは三文の得だった。

スペイン高速鉄道でずっと南の古都・コルドバへ。ここもイスラム王朝の都として栄華をきわめた古都で、学問、芸術の中心地として栄えた。ここのイスラム教寺院は8世紀終わり近くに建てられたが、何回か増築されて巨大なモスクになった。最初に記したレコンキスタの後、キリスト教統治時代に内部に聖堂が造られ、イスラム教とキリスト教が共存する面白い建物となった。

その北側に細い迷路のような道があるが、そこは旧ユダヤ居住地だった。ユダヤ人たちはかって西カリブ帝国の経済を支えたが、15世紀終わりにはスペインから追放され姿を消した。現在は白壁の街並みになっていて花の小鉢が飾られ「花の小道」と呼ばれている。その近くにはユダヤ教の教会もある。追われたユダヤ人に思いをはせながらも可憐な花々に心癒され、その素敵な小路を複雑な思いで散策した。

次に訪れたグラナダはスペインではイスラム最後の砦として栄えた町。レコンキスタの嵐にさらされながらも1492年グラナダ陥落までアルハンブラ宮殿はスペイン最後のイスラム王朝の王宮としてにぎわった。ここはスペイン＝イスラム文明の輝かしいモニュメントである。宮殿内はきわめて広く、観光客も多くて最も古い城砦の部分などは入場時間に制限があった。

かなり待たされた後入場した宮殿内部の美しさに目を見張った、幻想的世界でまさにイスラム芸術の結晶だ。カルロス5世

宮殿などもその豪華さに感嘆した。

　何といっても夏の離宮の庭園は一番印象に残った。きれいに低く刈り込まれた緑の樹々に花々が彩り豊かに、涼やかな噴水や水路が何ともいえない情緒をかもし出していた。また、庭園は少し高くそこからの展望も素晴らしかった。

　朝出発前に私はホテルの周りを散歩してみたが、あたりはどこまでも続くようなオリーブの林だった。スペインはオリーブ生産世界一と後で知ってなるほどと思った。また、バスの車窓からコルク樫の林が続いているのが見えた。はじめて見た木だったが、コルクはこの木の樹皮をはがして加工したものだとか。コルク生産世界１位はポルトガル、２位がスペインとのこと、今でもコルクと言えばこの林の情景が浮かび上がる。

大西洋に近いセビリアは大航海時代には交易港としても栄えた都市。ここの大聖堂カテドラルはスペイン最大、世界では3番目。ここもイスラム寺院だったのをレコンキスタでキリスト教の聖堂に作り替えられたもの。後世の人々が驚くような大きな聖堂をと100年もの年月をかけて造られた。

　その隣に立つヒラルダの塔は高さ97mで、スロープで上がると上からの展望は素晴らしいとのことだが、時間がなく登れなくて残念。

　バスで国境を越えて**ポルトガル**の首都・リスボンへ。ここは大航海時代には西ヨーロッパで最も美しい都市と言われるほど発展していたが、18世紀半ばの大地震で津波や火災により多くの死者を出し、建物もほとんど倒壊したとのこと。

　奇跡的に崩壊を免れたのがジェロニモス修道院で、これはヴァスコ・ダ・ガマのインド洋航路開拓を称えて造られたもの。大航海時代の富を使ったポルトガルで最も華麗な修道院で、16世紀はじめに着工し完成まで300年もかかった由。当時の繁栄を象徴する最高傑作と称され、広大な中庭も素晴らしくじっくり歩き回った。

　この近くの「発見のモニュメント」は大航海時代に活躍した帆船を記念する大きな建造物だ。エンリケ航海王子を先頭にヴァスコ・ダ・ガマやマゼラン、コロンブスなどその時代に活躍した人々30人の像が並んでいる、その壮大さに感嘆した。また、その前に立つ大理石のモザイクには世界地図と各地へ到

達した年号が記されている。日本は1541年と記されているが、これはポルトガルの船が漂着した年だとか。

リスボン名物の路面電車、ケーブルカーに乗って展望台から市街を一望した。夜はポルトガルの民族音楽ファドのディナーショーを見物した。ファドとは「運命」を意味するとか、人生の悲しさとか郷愁など表現して歌われる。その哀愁を漂わせる独特のギターの調べが何か切なく感じられた。

イベリア半島の最東端、地中海に面するバルセロナから大西洋に面する最西端のロカ岬まで来た。ここはユーラシア大陸の最も西の端、はるか地の果てまで来たものと感動した。大草原の下に続くのは断崖絶壁、その先が果てしもない大西洋の海原。崖の上には赤い屋根の灯台と記念碑が立っていた。そこから少し北のナザレは目の前に大海原が広がるのどかな小さな漁村で、このあたりをのんびりと散策した。ここで昼食に出たイワシは日本のよりずっと大きく、とても美味だったのがいまだに記憶に残っている。

ポルトガルで二番目の大都市・ポルトは坂の多い美しい街。教会などを見てからサン・ベント駅へ行った。この駅のホールの壁には全面2万という青と白のタイル画がはめ込まれている。内容はそれぞれポルトにまつわる歴史的出来事とか、駅とは思えない美しさで感動していつまでも見ていたかった。

ドン・ルイス一世橋は二重の巨大なアーチ橋でとても美しい。上はメトロ、下は車が走っているが、人はどちらも歩いて通れる。私は上の橋を歩いたが長さ400m近く、橋の上からはポル

トの町の展望が美しく、気持ち良かった。

　再び国境を越えてスペインの首都マドリードへ。途中サラマンカという街に寄った。ここで1134年に建てられたスペイン最古のサラマンカ大学を見たが、どういうわけか強い印象を受けて今でもおぼろげにその校舎が思い浮かぶ。後で調べてみたら世界でも３番目に古い大学とわかった。それなりの歴史の重みを感じさせたのだろう。

　マドリードでは最初にプラド美術館に入った。ここはパリのルーブル、ニューヨークのメトロポリタン美術館などとも並ぶ素晴らしい美術館だ。スペイン王室の美術コレクションを中心に現在では３万点以上収蔵とか、中でもスペイン３大巨匠のゴヤ、エル・グレコ、ベラスケスらの名作が目を引く。２時間程度ではとても見切れず、もっと見ていたいと思った。

　その後、スペイン広場をめぐったがここではドン・キホーテの銅像が目についた。王宮は10世紀ごろイスラム教徒によって建てられ、16世紀にはハプスブルグ家の居城だったが、火災で全焼して再建されたものとか。古都トレドではエル・グレコの傑作を所蔵することで有名なサン・トメ教会やスペイン・カトリックの総本山カテドラルを見学してこの旅は終わった。

　スペイン、ポルトガル両国とも素晴らしい名所を見てきたが、これも大航海時代に新大陸を植民地化して略奪した莫大な金銀財宝のおかげもあると思う。高度に発展して栄えていたメキシコのマヤ、アステカ文明、南米のインカ文明などの帝国を征服、占領し、これらの帝国の原住民はスペインからもたらされた疫

病などで滅びてしまった。私が訪れた中南米の国で、金銀など
スペイン人によって略奪されたと聞かされていたのが思い出さ
れて複雑な思いだ。

　わずか10日間にしては２ヶ国で多くの素晴らしい見どころを
堪能した。ずいぶん欲張った旅だったけれど、満足した。

★ ミャンマー

ミャンマー7つの絶景めぐり

多民族がつどい、6割ほどを占めるビルマ族によって9世紀ごろ統一されて、バガン王朝が成立した。19世紀に入るとイギリスが植民地化し、1948年に共和国として独立した。その後も混乱が続き、1962年に軍が実権を握ったが、2016年に民主化された。

敬虔な仏教徒の国、 仏塔の森に魅せられて

　この国は以前ビルマと呼ばれていた。『ビルマの竪琴』という話を御存じの方も多いと思う。実は国名バーマ（ビルマ）は口語、ミャンマーは文語だったが、1989年当時の軍政権は口語の国名を捨てミャンマーと統一した。

　戦時中日本はビルマを占領していたイギリ軍との戦いで最も過酷と言われたインパール作戦を計画、日本人3万人もが命を落とした。そんな歴史の国を訪れるのは申し訳ないような気持ちもあったが、実際に行ってどういう国か知りたいと思った。

　まずヤンゴンに、ここは2006年までミャンマーの首都だった。英国統治時代の名残で街の中心部の通りは碁盤の目のように整然と造られている。ここに着いた夜、早速ライトアップされた立派なパゴダを見てまず感動した。パゴダとはシャカの遺骨などを安置した仏塔のことで、ミャンマーでは至るところに見られる。ここはこの国最大の聖地、ミャンマー仏教の総本山であ

る。広い境内にはエレベーターで上って行った。

　境内の中心に黄金の巨大な仏塔がそそり立っている。60あまりの小型仏塔に囲まれて、高さ100m近い仏塔は全面金箔が施され、ダイアモンド、ヒスイ、ルビーなどもちりばめられている。国内外から大勢の善男善女が祈りを捧げに来ていた。

　この外周に沿って小さな祭壇があり、それぞれの曜日の守護神を祀ってある。自分の生まれた曜日の祠にお参りをするとか、でも日本人は誕生日が何曜かわからないのであきらめた。初日からここは仏教の国という強い印象を持った。

　翌日はバスで駐車場へ。そこから専用のトラックに乗って山頂まで行った。そこからかなり歩いてやっと巨大なゴールデンロックが見えた。これは絶壁の崖から今にも落ちそうで落ちない大きな岩、その上部に高さ７mの仏塔がある。中には仏陀の頭髪が入っているとか、岩の表面は信者の寄進の金箔が一面に貼られて黄金色に輝いている。この奇妙な景観は有名で観光客がぎっしり集まっていたが、ここは巡礼地なのでこの国の信者たちも大勢祈りを捧げに来ていた。

　空路国内線で世界三大仏教遺跡の一つバガンへ。ここは先に記したビルマ族による初の王朝が開いた土地。広い平原には今も3000もの仏塔や寺院が林立している、まさに仏教の聖地でありまるで幻のようだ。昼間そのごく一部を歩いていくつかの寺院や仏塔を見て感動した。最も美しいと言われる寺院は本堂が四角形で東西南北の４つの入り口にはそれぞれに４体の黄金仏の立像が納められている。

夕方再び訪れ、レンガを積み上げた造りで5層のテラスのある大きなパゴダに階段で登って行って夕陽を鑑賞した。そこは多くの観光客たちで立錐の余地もないほどだった。高いところから見下ろすと、広い緑の野原にパゴダがあちこちに点在し、それらが夕陽に映えてその情景はまさに見事としか言いようがない。大勢人が詰めかけるのももっともだと思った。

　次にガタガタ、クネクネ道路を4時間以上かけて幻のカックー遺跡という場所を訪れた。ここには2500基近いパゴダが静かに立ち並んでいる。元はインドのアショカ王が造らせたが、バガン朝時代の王が各家に一基ずつ立てるよう命じたとか、確かに形、大きさなどバラバラだった。秘境の幻の仏塔の森とで

もいえる何ともいえない雰囲気だ。その合間の細い通路を歩いているとパゴダの金の飾りの鈴がそよ風とともにシャラシャラと音色を奏でて鳴り、まるで別世界のようだった。

震災などでほとんど崩壊し、以後修復もされたが、壊れたままのもある。貧しい人々も人生最大の功徳と信じて来世の幸せのために各々寄付をして作らせたとか。入り口近くに大きな池がありそこにそれらのパゴダの森が映った姿はまた一段と美しく、幻想的だった。

このカックー遺跡の近くに湖がある。標高1300mほどの高原にあるインレー湖だ。これは雨季になると乾季のときの倍ほどになる自然の宝庫。水深も浅く、葦をはじめ水草が茂って大小さまざまな浮島が形成されている。湖上には現住民の水上村もあり、浮草の畑ではトマトが実っていた。私たちのホテルも大きな浮島に建っているが立派で趣があった。

翌日、インレー湖の遊覧観光をした。船であちらこちらの島に立ち寄り、お昼も水上の食堂でいただいた。それぞれの島には貴金属や織物、紙製品などそれぞれ異なる職種の店があり、彼らの工房を見学したり、また土産物屋で買い物をしたりした。お店のあたりには欧米人の観光客もかなり大勢いた。

ヤンゴンに戻り市内見学をした。英国統治時代の面影を残す街並みもあった。長年の軍事政権で言論の自由もなく、国民は苦しい生活をしてきた。ちょうど私たちが訪れた少し前に軍事政権からアウン・サン・スーチー氏の民主政権になったばかり

の時期で、やっと自由を獲得したと若い現地ガイドは嬉しそうに説明してくれた。

　例えばバスもそれまでは軍事関係者らによってかってに行き先が変更されたが、今はやっと決まった行き先に行けるようになったとか。また、私は当時全然知らなかったが、ガイドはロヒンギャのこともちょっと口にした。

　ロヒンギャの問題が日本でもニュースとして取り上げられるようになったのは後になってからのこと。さらに帰国後調べてみるとかなり前からの問題とわかった。ロヒンギャと呼ばれる少数民族200万人ほどがミャンマーには住んでいた。彼らはイスラム教徒が主流で、仏教徒のミャンマーから虐げられ、差別扱いをされていた。

　特に1962年の軍事クーデター以降、国軍主導でビルマ民族主義を主張し、彼らへの扱いはひどくなった。国籍をはく奪され、1990年代彼らは隣のバングラデシュに避難したが、そこでも受け入れてもらえず、難民キャンプで過酷な生活を強いられている。ミャンマーは彼らをバングラデシュからの不法移民としている。

　ミャンマーは仏教国で立派な仏教遺跡や熱心な仏教徒を見ていただけに、こんな過酷なことがと信じられない思いだ。多民族社会、特に宗教が絡むといろいろむずかしいとここでもそれを実感した。

　ここの現地ガイドは小柄で若い気持ちの良い青年だった。日本からの添乗員もいない少人数のツアーだったが、気持ち良くていねいに案内してくれた。空港で別れるときとても良くして

くれてありがとうと言い、日本語もとても上手だけどどこで学んだか聞いたらお寺でとの答えだった。やはり仏教国、寺が学校の役もするのだと感心した。

　実は今年2月はじめ、突如軍が再びクーデターを起こし、庶民は大規模の反対デモをおこしているとのニュースが入ってきた。何という情けないこと！　ミャンマーを訪れたときにやっと軍事政権から民主的になったと説明したときの若いガイドの嬉しそうな顔、ミャンマーの穏やかな人々を思い出し辛い思いでいっぱいだ。

中国

2017／2
7日

菜の花広がる羅平と元陽の世界遺産の棚田群

今回訪れた羅平や元陽は一番南の雲南省にある、しかも西に近い
ほうだ。その南にはベトナムやラオスがある。中国の土地面積は世
界で4番目、でもすごく広いという感じだ。それに人口は世界一！

真っ黄色の菜の花と、棚田の広さに感動

　中国はそれまで何回か訪れているが、今回ははじめての地域、
しかも自然の景色だけをメインにした7日間の短い旅で気軽に
行けると参加した。ただ中国はいつもそうだが、日本から上海
や北京までは問題ないが、その先の国内線は今回も往復ともに
トラブルがあった。

　行きは上海で乗り継ぐ昆明行きの便が大幅な遅れ、予定の出
発時刻も不明なまま待たされて、昆明のホテルに着いたのは夜
明け近く。最初の夜はほとんど寝る間もなかった。

　帰りは混明でせっかく乗って席に落ち着いたと思ったら、周
りの中国人たちが棚の上の荷物をガタガタと降ろし始めた。添
乗員の説明では機体の不備とかで降ろされ、昆明空港で半日ほ
ど待たされた。上海から乗る予定の羽田行きはとっくに出てし
まい、上海で1泊かと思ったが、やっと成田行きの最終便に間
に合った次第。

　まず雲南省の首都である昆明で雲南民族村を訪ねた。これは

この地に住む24の民族を紹介する一種のテーマパークのような
もので、チベット族やタイ族やそれぞれ華やかな民族衣装の女
性たちが大勢いて、民族舞踊なども見せてくれた。その後訪れ
た石林は二度目だったが、奇形といえる大小石林の切り立つ間
を歩き、まさに自然の芸術作品と改めて感心した。

　羅平は２月から３月にかけて見渡す限り菜の花が一面に咲き
誇ることで知られている。菜の花畑の総面積は3000km^{2}とか、
これは東京都の面積を上回る信じられないような広さに及んで
いる。早起きして展望台から朝日に映える菜の花見物の予定で
楽しみに出かけたが、あいにく曇りではっきり見えずに残念
だった、でもその壮大さは実感できた。

　でも夕方には別のところで渦巻き状の菜の花の棚田を展望で
きた。昼間は九龍瀑布群を見学、これは４kmもの間に大小さ
まざまな滝が10段に連なっている。中国で最も美しい滝と言わ
れているが納得した。遊歩道の先には広い菜の花畑が広がって、
エレベーターで山頂まで行き、上から見下ろす滝と菜の花畑の
展望はまさに絶景だ。また歩いて降りてきて遊歩道や飛び石を
踏んで歩きながら下から眺める滝の光景もまた見事だった。夕
方には夕陽に映える真っ黄色に埋め尽くされている菜の花畑を
見ることができて堪能した。

　バスで９時間かけて元陽へ。ここでも中国は広いと実感する。
ここではハニ族の民族博物館を見学した。女性は伝統的な服装
で全身を銀で飾り付けた衣装を着け、頭にも銀貨などいっぱい
付いた帽子をかぶっている。農耕道具なども展示されていて彼

らの生活様式を見せていた。小さい子供たちも遊んでいて私たちを見てニコッとして手を振ってくれた。

夕方２ヵ所で夕陽に照らされた美しい広大な棚田を見た。日本でも棚田は千葉などで見たことがあるが、それらとは規模がまったく違う。

この地域は水と良い土壌に恵まれているが、山々に囲まれて農耕できる土地がほとんどない、そこでここに住む人々は山の緩やかな斜面に石を並べて段にしたという説明を聞いて感心した。私たちが見た棚田は世界で最も壮麗と言われているが確かに素晴らしい、ただ見惚れてしまった。

元陽から建水に、ここでは建水古城と朱家花園を観光した。建水古城には歴史的な価値のある古い建物が多い。明、清の時代の古い伝統的建物が続いていて、今も店としてにぎわっている建物などを見学しながら街を歩いた。

朱家花園とは清代の豪商兄弟が30年もかけて建てたという超豪邸のことでそこを見学した。２万m^{2}の敷地に９つの庭園、大小さまざまな家屋があって、部屋数も全部で412とか、信じられないほど広い。入り口の案内図、鳥観図を見てから中に入ってあちらこちら見て回ったが、ただ驚くばかり、家族の祠堂まであってその前には池と舞台がしつらえられていた。こんなところで暮らしていた人がいたのかと感心した。

外国ではその国のことばを使うと相手もとても喜んでくれる。実は中国語はかなり自信があった。ただ広い中国は地域によって中国語といっても方言という以上にまったく異なっている。

標準語である北京語が全然通じないところも多い。でも、そんなときでも漢字は共通、紙に書いてわかってもらうこともあった。標準語の通じるところで私が中国語で話しかけると、相手は私が中国語ができると喜んでペラペラと早くまくしたてる。そうなると恥ずかしながらお手上げということもよくあった。

オランダ、ベルギー、ルクセンブルグ

充実のベネルクス3国紀行

ベネルクスとはこの3国を指す。ベルギー、ネーデルランド（オランダ）、ルクセンブルクの頭文字をとったもの。いずれも周辺の国に比べて国土がとても狭い、3国合わせても北海道より小さく、ドイツの5分の1、フランスの9分の1ほど。

小さな国々に宝物がいっぱい、満喫できた旅

かつてこの3国はネーデルランド連合王国として合体していたが、後にそれぞれ独立した。国土は狭くてもこれらの国はそれぞれとても魅力的、ぜひ訪ねたいと思っていた。

この旅は美術館めぐりから始まった。まず**オランダ**のオッテルローでクレラー・ミュラー美術館を訪れた。これは国立公園の自然の中、森の木立に囲まれた建物だ。世界最大のゴッホ・コレクションがあり、19、20世紀の絵画、彫刻が展示されている。自然の中の美術館、ここではゆっくり鑑賞できて嬉しかった。

また、この庭園はヨーロッパ有数の彫刻庭園で、広大な緑豊かな庭の中に270点もゴッホなどの彫刻が飾られている。ここもたっぷり時間があってゆっくり歩き回ったが、とても素晴ら

しかった。貸し出し自転車で広い庭園の通路を走っている人たちもいた。この庭園は箱根の彫刻の森美術館のモデルともなったと言われている。

また、首都・アムステルダムではオランダが世界に誇る国立美術館を訪れた。建物の外観も素敵だったが、ここは世界屈指の中世絵画を収蔵している。フェルメールの『牛乳を注ぐ女』や『手紙を読む女』などじっくり見られて何と幸せだったことか。レンブラントの傑作『夜警』の前にはさすがぎっしりの人だかりだった。

続けてゴッホ美術館も訪れた。ここには彼の油絵200点、素描550点も所蔵されて、『ひまわり』や『寝室』などの名作が並んでいる。館内にはゴッホの作品が年代を追って展示されているので、その移り変わりが見られた。

また、ゴッホが影響を受けて収集していた浮世絵や彼の手紙なども展示されている。彼の作品が分散されずに1ヵ所で一般に公開されるようにという遺族の希望で個人の美術館ができたという。ゴッホはオランダ出身だった。その他にも、ゴーギャン、ロートレックなど同時代の画家の絵も展示されている。

何と着いて早々に3つもの美術館のハシゴをしたわけだけれど、いずれも素晴らしい絵画をゆっくり見られてありがたかった。また、後にハーグのマウリッツハイス美術館にも入りフェルメールの『真珠の首飾りの少女』とも対面できてゆっくり鑑賞できた。オランダは小さい国ながら多くの有名画家の出身地でもあり、立派な美術館も多く、まさに芸術の国と改めて感心

した。

　アムステルダムは扇の形に5本の大きな運河が流れていて、その要のところに中央駅がある。運河は165、橋は1300もあるとか。自由時間がたっぷりあったのでまず運河めぐりをした。運河クルーズで水上からの眺めはまた格別で、川沿いのきれいな建物などを見ながらクルーズを楽しんだ。

　降りてから市内の観光に行った。中央駅は東京駅のモデルになったと言われるが赤レンガで外観はとても美しい。広場の東側は古い地域で飾り窓のついた建物（売春宿）がいくつも残っている。白いハネ橋は船が下を通るときに中央から二つに分かれ持ち上がる。王宮やにぎやかな花市場なども見て回った。

　アンネの家が運河沿いにあって、それを見ながら彼女が当時ここに隠れ住んでどんな気持ちであの日記を書いたか痛ましい思いがした。実はオランダは自転車王国で、私も借りて乗りたかったけれど、みんなかなりスピードを出して走っているので危ないと残念ながらこれはあきらめた。

　キューケンホフ公園は今回の旅の目玉でもあったので、チューリップの見ごろの時期を選んだだけに素晴らしかった。ここは年に2ヵ月だけ開園するとか。世界最大級のフラワーパーク、まるでチューリップの絨毯を敷き詰めたようだった。今までに見たことのないような種類が、色も黒いのとか、大きなチューリップなど、見ていて飽きることはない。

　チューリップだけでなく、ヒヤシンス、アイリス、その他いろいろの花々も咲き誇っている。何しろ700万株と言うのだか

ら。こんもりした樹木の間をゆるやかな坂を上ったり下ったり
しながらあちらこちらの花々を愛でて楽しんだ。白鳥など水鳥
の泳ぐ池があり、また公園の一角には風車もあって上がってみ
た。上からの見晴らしはまた素晴らしく、どこまでもチュー
リップが続いているようだった。

　オランダというと風車がシンボルでもある。キンデルダイク
には19台もの風車が川の両岸に立ち並んでいる。私もその川沿
いに風車を眺めながら気持ち良く歩いて行ったが、まさにオラ
ンダらしい風車の田園風景だった。また別の場所には大きな風
車が5つ並んで、内部に入れるのもあった。そこは伝統的な街
並みが再現されていて、木靴やチーズの工房などもあって見学
した。

　風車は最盛期には1000台もあったとか、風車はただ風景のた
めでなく、低地のこの国の水害対策だと知った。オランダは国
土の4分の1が海抜0m以下、海抜下の土地の水を汲み農地と
して使えるようにするため。風の力で風車を回しその動力で低
い位置の水を汲み上げて高い位置の運河に運んだとのこと。た
だし、現在は観光用となっている由。

　ベルギーに入りますアントワープへ。ここはベルギー第二の
都市で、『フランダースの犬』の舞台としても知られている。
私も子供のころこれを読んだ記憶があるが、土地の人はこの話
をあまり知らないようだ。でもちゃんと少年と愛犬の像が建っ
ていた。また、ここのノートルダム大聖堂は、ゴシック様式の

素晴らしい建物で、14世紀半ばに建設を始め170年近い年月を
かけたという。この土地出身のルーベンスの『聖母被昇天』な
ど三連作が収蔵されている。祭壇もいくつもあってステンドグ
ラスが見事だった。

　次にゲントでは聖バーフ教会へ。建物も素晴らしいが、ここ
はファン・アイクの『神秘の子羊』を収蔵してあることで有名
だ。これは12枚の絵を組み合わせた壮大な祭壇画で、中世フラ
ンドル絵画の最高傑作と称されている、この目で見られて感動
した。ここはさすが見物客が大勢来ていた。

　ブルージュは「水の都」、街には縦横に運河が流れている。
12〜13世紀には西ヨーロッパ第一の貿易港として繁栄したが、
15世紀になると北海と結ぶ水路に泥が沈み水路が閉ざされて商
船も入れなくなった。まずブルージュ歴史地区へ行った。ここ
は自由時間だったので地図を片手に一人好き勝手に歩き回った。
マルクト広場は旧市街の中心地で、市庁舎やギルドハウスだっ
た建物などに囲まれている、高い鐘楼がひと際目立っていた。

　聖母教会やグルーニング美術館に入ったが、ここは樹々の緑
の中の静かな、外観も素敵な美術館で中身も傑作ぞろいだった。
ゆっくり落ち着いて絵画を楽しめた。

　また、メムリンク美術館にも寄ってみたが、ここは施療院を
改装したものとか、薬局やハーブの展示などまであった。愛の
湖公園では緑に囲まれ白鳥の遊ぶ湖がとても美しく、静かな雰
囲気でしばらくゆったりとここで過ごした。

　ベギン修道院は1245年創立という古いもの、現在も修道女た

ちが暮らしている。時が止まったままのような感じでひっそり
としたたたずまいを残している。そのほとりを歩いていると静
かな雰囲気の中で私自身の気分も落ち着いてきた。水路沿いの
散歩道を歩くと川沿いの建物もそれぞれ趣があってとてもきれ
いで、気分良い散策になった。道を聞いてもどこでも英語が通
じるのでありがたかった。

　ブリュッセルでは美しい石畳のグランプラス広場をまず訪れ
た。周囲の建物はいずれも華麗、ここは前にも来ているのでな
つかしい。ここでも自由行動だったので周りの人たちと一緒に
ワッフルを食べながら歩き回った。知らない外国人とでも気軽
におしゃべりができる雰囲気で楽しかった。日本では80ものお
ばあさんが食べ歩きなどできないけど外国はいい、年代などお
かまいないのだから。

　ベルギーで私が一番気に入ったところは、「世界一小さい街」
とギネスにも認定された南部のデュルヴュイという街だ。渓谷
に包み込まれ、緑深い森にたたずむこの街には９世紀に建てら
れた立派なお城が街を見守るようにそびえ建っていて、足元に
は清流が流れている。石畳の細い小路、石造りの家々や中世風
の街並みが何ともかわいらしい。自由時間でゆっくり歩き回っ
て楽しんだ。

　ここの公園はさまざまな樹木をきれいに刈り込んで見事なト
ピアリーを造っている。トピアリーとは常緑樹や低木を刈り込
んで鳥や動物などの形を造ったり、幾何学模様にして飾ること。
250以上のトピアリーが飾られているとの広いトピアリー公園

は素晴らしかった。「トピアリー」なんていうことばはそれまで知らなかったし、日本ではお目にかかったこともなかったので感動した。この公園内をゆったり歩いているとまるでおとぎの世界にいるような感じだった。

　ルクセンブルクは世界的金融の町であり、世界屈指の豊かさを誇る国であるが、面積は神奈川県と同じほどの小さい国。正式名はルクセンブルク大公国、大公が国家元首で国を治める大公国は世界にこの国ただ一つとか。

　渓谷に囲まれた要塞の上に立つ旧市街は、「古い街並みと城塞群」として世界遺産にもなっている。橋を渡ったところに断崖絶壁があり、そこから眺め下ろすと川と美しい街並みがきれいに広がっている。この断崖の下には巨大な地下要塞があって、階段を上がったり下りたりしたが、ところどころに大砲が備え付けられていた。

　新市街に戻って市場を眺めていると白い大きなアスパラガスが目についた。日本では見たことがないような立派なアスパラガスだ。生ものは成田で検閲にひっかかるかと心配したが、あまり見事だし、最終日なので購入した。成田ではちゃんと見せたが、運良くOK、家でゆでていただいたがやはりすごく美味だった。この国の滞在は最終日一日だけだったが、あまり知られていないこの国の魅力を感じた。

　この旅行中、思いがけなく素晴らしいチャンスに出くわした。

たしかベルギーだったと思うが、散策中に地元の人に日本人かと話しかけられた。彼女らは翌週日本の直島に行くのだととても嬉しそうに言った。私はそのとき直島ってどこにあるか、どんな島かも知らなかったので、ただ「日本滞在を楽しんでね」と言って別れた。帰国後調べたら直島とはすごいところとわかった。

そこはベネッセが展開した瀬戸内海に浮かぶ現代アートの聖地、直島はじめいくつかの島で自然と古い街並みを生かした美術村だ。安藤忠雄氏が設計した地中美術館は素晴らしい現代美術の宝庫、また家プロジェクトでは古い家やその空間などが作品となって、それらを回って楽しめる。何しろ素晴らしいところと判明した。

2、3ヵ月後私もそこを訪れて見事な美術を堪能した。あのときのベルギー人のおかげと感謝した。ここは世界的にも有名で、日本人以上に外国人に知られているようだ。美術館などには外国人が大勢来ていた。アメリカから来たという女性と一緒に休んでおしゃべりをしたとき、ニューヨークなど立派な美術館があるでしょと言ったら、ここは特別だ、こんな魅力的な美術館には感激したとの答えだった。ベルギーでの彼女たちとの出会いがなければ、こんな素晴らしいところを訪れてはいなかっただろう。

ウズベキスタン

2017／9
ビジネス・8日

4つの世界遺産と首都・タシケント

何世紀もの間、東西南北をつなぐシルクロードの中軸に位置したのがウズベキスタンである。この都市には交易品を運ぶ商人キャラバン隊が往来した。この道を通ったのはシルクだけでなく、文化、宗教、また戦争もこの道を通っていった。

豪華なイスラム建造物の数々、 日本とのつながり

この国は数々の国に侵略、支配されてきた。13世紀にはチンギスハンによるモンゴル帝国が支配したが、14〜15世紀にはティムールが中央アジアを統一した。19世紀からはロシアがこの地域を支配下においたが、ソ連解体で1991年ウズベキスタン共和国が成立した。

中央アジアのほぼ中央に位置し、面積は日本より大きく、国土の4分の3は砂漠とステップ（大草原）におおわれ、東部国境辺には4000mを超える山々が連なっている。

こんなあまり知られていない国を訪れようと思ったのにはあるきっかけがあった。私は住んでいる市の国際友好団体でボランティアをしていて留学生たちとも親しくしていた。

高尾山に留学生たちを連れて行ったとき、この国からの留学生二人とも知り会った。二人は何か日本的というか、とても素直で真面目な女子学生で、住んでいるところも近いので家にも

招いた。いろいろ話の中で故国のことを聞いているうちにこの国に興味を持って、訪れたいと思うようになったわけである。

さて、日本から飛び立ったウズベキスタン航空機は到着ちょっと前にアナウンスがあった、「強風のために燃料不足になり、補給のために隣国のキルギス空港に着地する」と。キルギス空港では外には出られなかったが給油のため40分以上とどまった。窓から外を眺めると飛行機も何も見えず、ずいぶん小さい空港だなどと私はのんびり構えていた。ただこんな経験ははじめてで、驚くとともにこの先どうなるかちょっと不安になった。

実は**キルギス**なんてはじめて聞く国の名前で私は何の知識もなかった。ただ後に同行の一人は事前に調べておいたらキルギスでは以前日本人拉致事件があり、外務省の海外危険情報でもちょっと危険な場所とか。彼女は待っている間テロにでも襲われるのではないかとハラハラしていたとのこと。私は何も知らなくてかえって良かったと思った。

首都・タシケントから国内線に乗り換えて西端の方へ。ヒヴァのホテルに着いたのは深夜遅くだった。翌日まず向かったのは国内の西部に位置する「カラカルバクスタン自治共和国」。この名前は「黒い帽子をかぶる民族」の意味とか。「自治共和国」とは独立国の中の高度の自治権を持った地域を指すとのこと、こういう地域があるとは今まで知らなかった。ここは人口160万人ほどの遊牧民が住んでいる砂漠地帯だ。

6、7世紀に川の流域に栄えた古代の王国の荒れ果てた遺跡

群を訪れた。山が連なった赤茶けた砂の山々を上ったり下りたり滑りそうだったし、何よりここはひどく暑くてかなりきつかった。近くには遊牧民族のユルタという移動式の住居があって中を見学し、私たちも同じような伝統的な天幕の中でランチをいただいた。

　ヒヴァはカラクルム砂漠への出入り口のオアシス都市で、世界遺産にも登録されている。8世紀はじめアラブ侵攻後イスラム化とトルコ化が進みイスラム文化の中心となった。16世紀にはイスラムの聖都として栄えたところ。高さ8ｍ、長さ2300ｍという城壁に囲まれていて、中を歩いて数々の建造物を見た。

　中でも印象深かったのは宮殿とモスク（イスラム教寺院）だ。17世紀に建てられた宮殿は天井の幾何学文様が美しく、木製の柱の彫刻も精巧だったし、また塔を上ってそこからのヒヴァの街並みの展望は素晴らしかった。

　ジュマ・モスクは10世紀に建造後何度も修復された珍しい柱の多い建築である。内部には213本もの柱が3ｍ間隔で立ち並んでいて、柱にはそれぞれ異なる精密な彫刻が施されていた。柱の間を縫って歩いていると何とも幻想的な雰囲気を感じた。

　ヒヴァから国内線でブハラへ。ブハラとはサンスクリット語で僧院の意味、ここはイスラム世界全体の文化的中心地。ここも名所は数限りなくあるが、目立つ建造物はカラーン（大の意味）・モスクとカラーン・ミナレット、名前通りモスクも巨大、ミナレット（塔）も巨大だ。塔は高さ46.5ｍで、これはこの

都市のシンボルで砂漠からの灯台の役目をしていたとか。金曜の礼拝には大勢の信者がここに集まるそうだ。

　メドレセ（神学校）は巨大なアーチがあり、その両側の二つの青いドームが目立つ。建物の壁面は青と白のモザイクタイルで美しい。ここはソ連時代も中央アジアで唯一開かれていた神学校で、アラビア語、コーラン、イスラム法などを寄宿して学ぶとか、今も使われているので中には入れなかった。

　シャフリサーブスはティムール誕生の地として有名。彼が築いた夏の宮殿は破壊されてアーチを支える柱だけ残っている。ティムールが戦死した息子のために建てた廟などの建築群を見てその後にサマルカンドへ。ここは青空にブルーのドームが映える地上で最も美しい街と詠われたところ。モンゴル軍の襲来などで街は焼き払われたが、その後にティムールは新しい都を築いた。

　中央アジア最大のモスクは彼が愛していた婦人のために大勢の職人や労働者を集めて作らせたもの。また、ティムール一族が眠る霊廟のドームはきわめて鮮やかなブルータイルが目につく。大きな広場は３つの巨大な神学校がコの字に取り囲んでいる。建造時期は異なるものの、こんなに多くの神学生がいたのかと感心するほど。

　この国にある多数のモスクは、ソ連時代に宗教が禁止されてそれら建物すべて破壊されたが、1991年共和国として独立後に復元したもので、それにはロシアも協力したと聞いた。

　立派な高速鉄道、新幹線に乗って首都・タシケントへ向かっ

た。ここで地下鉄に乗車したが、世界で最も美しい地下鉄と言われるように、華やかな色彩、照明、プラットフォームなど、驚くほどきれいに装飾された芸術作品、まさに地下宮殿だ。カメラはダメと注意された、軍事施設として核シェルターの役を果たしているからと後に知った。あまりの美しさと厳しい現実に戸惑いの気持ちだ。

タシケントの市内を見学した。「独立広場」には以前のレーニン像が撤去されて、代わりに地球儀のモニュメントと母子像が建っていた。第二次大戦ではこの地から100万人もがソ連軍に徴兵され、亡くなった戦没者らの名前が記された慰霊碑が目についた。

また、孤児になった子供たちを貧しい人々が数人ずつ預かって育てている写真も並べられていて、心優しいウズベキスタンの人々に感動した。ソ連時代の苦しみから脱却して独立したこの国の人々の思いが伝わるようだった。

また、市内には日本人墓地があってそこを訪れた。戦時中ソ連の捕虜で亡くなった日本人が眠っている。ソ連時代はただの土盛りだったが、独立後日本とウズベキスタン政府の力で墓石が刻まれ、記念碑も建てられた。桜の木に囲まれ、きれいに掃除されていた。祖父の代から墓守をしている方にもお目にかかれたので、日本人として感謝の気持ちを伝えた。

タシケントは1966年の大地震で壊滅的な被害を受けた。日本人捕虜が強制労働で建設したナヴォイ劇場は大地震のときここで残った唯一の建物で、やはり日本人が作ったものはすごいと

評価された由。この劇場にも行ってみたがビザンチン風の素晴らしい建物だった。そこの記念プレートには最初「日本人捕虜によって……」だったのを、大統領が彼らは恩人だと主張し、「極東からの日本国民によって……」と直させたとの話にも感動した。

　先に日本人墓地が桜の木に囲まれてと書いたが、あの桜はこの国の特命全権大使も務め、議員だった中山恭子氏に寄るものとの説明を受けた。なお、彼女の『ウズベキスタンの桜』にも日本とこの国のかかわりについて記されていて、それを参考にさせていただいた。

　ウズベキスタンという国自体一般にはあまり知られてない。それ以上に日本とこの国との間にはこのようなつながりがあったことは私自身もそれまで知らなかったが、たぶん多くの日本人は知らないだろう。でもこの関係を知って一段とこの国に親しみを覚えた。なお、ウズベキスタンへの援助額では日本は先進国でも首位とのこと。何かホッとする思いだ。

　ウズベキスタンは中央アジアに位置する。同じアジアでも日本とは驚くほど違うということに今回気づいた。見事なイスラム建造物の遺跡がこんなに豊かにあるとは訪れる前には思いもしなかった。アラビア風モザイク模様の幾何学的美しさ、色彩の豊かさにも感心した。それらを見ながら歩いていると別世界という感じがした。この国を訪れてみて本当に良かったと思っている。

　ちなみにこの国は二重内陸国（2ヵ国を通してしか海と接し

てない）で、これは世界にリヒテンシュタインとウズベキスタンしかないとのこと。ほとんどの人は海を見ることはないだろう、島国の日本からすれば信じられないようなことだけど。さらに余計なことながら、この近辺にはカザフスタン、トルクメニスタン、タジキスタン、アフガニスタンなど語尾にスタンがつく国名が多くなぜだろうかと疑問に思っていた。タンは「（……の民族が）住む国」の意味だとわかった。

2017/12
5日

フィリピン

はじめてのフィリピン4島

フィリピンは島が多いことで知られているが、最近の調査では7500
を超える。人が住んでいるのはそのうち3割で、残りは無人島が
多い。最大のルソン島、ミンダナオ島など11の島が全面積の96%
を占める。これらの島を全部合わせても国土は日本より小さい。

それぞれの島にそれぞれの魅力が

今回はボホール、マクタン、セブ、ルソンの4つの島を訪れ
た。

さてフィリピン諸島は1521年マゼラン艦隊がはじめてヨー
ロッパ人として発見し、以来19世紀末ごろまでスペインが占領
していた。独立運動が起こったが、アメリカとの戦争に敗れて
19世紀末から1946年まではアメリカの植民地になっていた。

大戦当初は日本も奪い返して全土を征服したが、アメリカ軍
がレイテ島に上陸すると戦況は反転し、日本軍は追い込まれて
レイテ島の戦いで8万人近くの戦死者を出した。現地の多くの
人々も巻き添えになった。現在フィリピンには日本から援助金
も出しているが、申し訳ない思いがする。

まずセブ島から高速船でボホール島へ。ここは自然豊かな島
だ。ジャングルの中の川下りをした。両側にやしの木が茂る風
景を眺めながらの竹製の大型ボートに乗って、周りの景色を楽

しみながら進み、フィリピン料理の昼食も船上でいただいた。ボホール島のビジター・センターでは体長10cmほどの世界最小との原始猿ターシャを見た。手の平にのるほどの小さいサルを見たのははじめてだったが、大きな目を開けて何とかわいらしいこと。

この島にはチョコレート・ヒルズという変わった名前がついているところがある。高さ30〜50mほどの小高い丘が1000以上も立ち並んでいる奇妙な風景だ。大昔海底がマグマで隆起し、長年の雨水の浸食でできたものとの説明を受けた。このあたりサンゴ礁からの石灰岩でできていて木は育たない。丘に生えている緑の草が乾季になると枯れて茶色、つまりチョコレート色になる。高い展望台に上がってそこから見下ろすとそれらの丘は何ともいえない不思議な風景、まさに自然の作った造形物という感じ。

マクタン島にはマゼラン記念碑と、島民にキリスト教へ改宗を求めた彼の強要に立ち向かって戦死した英雄の像が並んでいる。実はこの国はアジアでは珍しく人口の9割がキリスト教徒だ。スペインの占領時に布教されたのだろうか。

その後セブ島に戻った、ここはエメラルド・ブルーの海と真っ白い砂浜、フィリピン随一のリゾート地として人気が高い。市内ではマゼラン・クロスというこの国の王族らがはじめて洗礼を受けてキリスト教になった場所や、1565年に建てられたフィリピン最古の教会を訪れた。また、外敵の侵入を防ぐために港近くに建てられたこの国最古の要塞も見学した。内部には

沈没船などを展示している博物館もあった。

　国内線でルソン島にある首都マニラに飛んだ。市内中心部にはスペイン植民地時代の街並みが残っている、またちょっと南には高層ビルが立ち並ぶ新興ビジネス街がある。広い公園には日本庭園、中国庭園などもあって気持ち良く散策した。

　サン・オウガスチン教会は17世紀はじめに完成したバロック様式の石造り教会としてはフィリピン最古でとても立派だ。私自身この国にキリスト教徒が圧倒的に多くて、教会がこんなにたくさんあるとは思いもしなかったので、これは一つの新発見だった。

　なお、フィリピンでは母語はフィリピン語だがその他地域、民族によって170種類以上もあるとか、公用語は英語になっている。どこでも英語がよく通じるのはとても便利だった。英語で話しかけても喜んで応じてくれて、いろいろ話ができたのは楽しかった。

　日本の小学校の英語教育の場でもATとしては英語圏からの先生よりフィリピン人の先生のほうが良いとの声を聞いていた。そんな話をすると、私も日本に行って英語を教えたいなどと言い出す人々もいた。フィリピンはわずか5日だけだったが一応主要なところは見ることができたし、現地の人とも交流できて楽しい旅だった。

● ラオス

2018／1 7日

> **ゆったりとした時が流れるラオスへ——心癒される旅**
>
> ラオスは東南アジアでは数少ない内陸国で海に面していない。北は中国、東はベトナム、南から西南はタイ、西北はミャンマーに囲まれている。チベットから東南アジアを貫くメコン川の半分はこの国を流れる細長い国である。

豊かな自然と心暖かな人々

ラオスは14世紀半ばに王国が建設されたが、続いたのは350年ほどでその後は大国に翻弄されてきた。タイとカンボジアの支配下におかれて、両国の争いに巻き込まれるとか。19世紀にはタイの支配下にあったが、フランスの力を借りて抵抗し、結局フランスの保護国になった。

戦時中は短期間だったが日本が占領し、日本の協力で一応1953年に独立を宣言した。ただ政権は二派に分かれて内戦が続き、アメリカとベトナムがそれぞれ支援した。1975年にやっとラオス人民民主共和国になった。ラオスには50ほどの多民族が住み、それぞれ民族独自の言語がある。公用語のラオス語も少数民族には通じなくて教育も十分には行えず、成人の識字率は低いとのこと。

この国は永世中立国として承認されている（スイス、オーストリアなどと4ヵ国のみ）。急激な近代化の波が東南アジアに

は押し寄せたが、この国の人々は比較的ゆったりと素朴な生活を送っているようだ。産業も乏しく、貧困問題を抱えているが、東南アジア最後の桃源郷とも称されている。ラオスという国は日本人にはあまり親しみがないようだが、ぜひ訪れてみたいと思った。

　日本から直行便はなく、ベトナム航空でホーチミン、プノンペンと二度乗り継いで首都・ビエンチャンへ到着した。ここは政治と文化の中心地、この都市で最も美しくビエンチャン最古のワット（寺院）を訪れた。ほとんどの古い寺は焼失したけれど、ここは創建時のまま残っている。回廊には2000体以上もの仏像が並び、小さな仏像は6000体を超える。

　バスで「ラオスの桂林」と称えられる景勝地バンビエンへ、ここでは美しい風景の中で川下りを楽しんだ。二人乗りの細長いボートで川を進んだ。この川はメコン川の支流で、両岸には切り立った石灰岩の岩山がそびえる景勝地だ。途中何ヵ所か対岸に立ち寄って洞窟内の幻想的な鍾乳石などを見た、150段近い急な石段を上っていく洞窟もあった。

　バスを降りてモン族の村を散策した、村人は知らない外国人なのに家の中にも案内してくれた。窓もなく一間だけの貧しい家、子供たちがぞろぞろついてくる、外国人が珍しいのだろう。子供にラオス語で声をかけたが、通じなかったのか、にこにこしているだけ。道の向こうから自転車に乗ってここでは珍しくモダンな格好の女の人がやって来た。私たち観光客にもニコッと笑って、現地のガイドさんと話していたが学校の先生とのこ

と。

　バスでラオスの古都・ルアンパバーンへ。早朝真っ暗の中托
鉢を見に行った、世界最大規模の托鉢行列とのこと。道の脇に
地元の信者たちがずらりと寄進するモチ米を持って座っていた。
太鼓の音が鳴りオレンジ色のケサをまとった僧侶たちが20〜30
人ほど一列になって歩いてくる。とても厳かな感じだ。信者た
ちは手で少しずつ僧侶のかごにモチ米を入れる。彼女らは貧し
くても寄進は功徳になると信じているのだろう。ここはラオス
でも最も信仰心の篤い地域とのこと。

　モチ米と言ったが、この国で出された料理の主食はいつも竹
製の細長いかごに入った赤っぽいモチ米で、日本のお赤飯のよ
うな感じ。毎回でも飽きることなく、とてもおいしかった。托
鉢見物から帰り朝食後メコン川でまたクルーズを楽しんだ。メ
コン川は大河だ、このあたり川幅が600mもあるほど広い。ま
ず上流へ1時間半ほど川上り、途中刑務所や中国が建設してい
る鉄道なども通った。

　途中対岸のある村へと階段を上がって行った。ここではモチ
米から作る焼酎が有名だとかいろいろな度数のものを売ってい
て、私もお土産に小瓶を買った。その他織物の店などあたりを
歩き回った。また、ボートに少し乗って無数の仏像が安置され
た洞窟に寄った。2段になっていて下は神聖な場所としてあが
められ、上は瞑想の場だったとか。

　夕方、「プーシーの丘」へ行った。300段以上上った先には観

光客たちがぎっしり集まっていた。ここから夕陽に映える世界遺産の町ルアンパバーンを一望するためで、その景色はさすがに素晴らしかった。人々が大勢集まるのももっともだと思った。ちなみに英米ではラオスのルアンパバーンは観光地として非常に人気のあるところとか。メコン川沿いには古い寺院もたくさんあるが、観光客用のホテルやゲストハウス、お土産屋さんなどが並んでいた。

郊外にあるクアンシーの滝は素晴らしかった。一番奥の大滝から続く流れが階段状に小さい滝を形成している。まず入り口のゲートをくぐって森林の中のゆるやかな小路を上っていくと清流が現れ、小さな滝と滝つぼが見えてくる。木漏れ日の下の滝つぼでは泳いでいる人々もいる。

コバルトブルーの美しい池、石灰岩でできたテラス状の池が連なり、一番奥には落差50〜60mを3段で流れ落ちる滝が、これは何ともいえない美しさで、離れがたかった。観光客がかなり大勢来ていた。そして流れを横切って見学用に橋がかかり、そこから真正面に大滝を見るとまさに絶景だった。

王宮博物館はかっての王族の繁栄を偲ばせた。ここは1909年に王の宮殿として建てられたが、1975年に王制が崩壊して博物館となった。歴代の国王の胸像が並び、高僧の座がある宗教儀式の間、王の接見の間、王の書斎、王妃の間、食堂などなど。王妃の接見の間に掛かっている王の肖像画はどこから見ても見る人の方を向いていることで有名だ。各国からの贈り物の展示まであって見あきない。建物の裏にはガレージがあって、王室

の人々が使ったクラシックカーが何台も展示されていた。

　ラオスへの日本からの援助は最大と聞いたが、近年中国が鉄道などをどんどん建設している。中国国境から首都ビエンチャンまでの鉄道建設にトンネルを掘るなど、2021年末には開業予定とのこと。また、中国から直行便が来る空港も大々的に拡張しているとか。これも中国政府の推し進める「一帯一路」の一部か。ラオスでは喜ぶ人もいるが、今にこの国は中国に乗っ取られるかもと心配している声も聞いた。

　なお、ラオスの人々はのんびりというか、ゆったりしている。ガイドの話ではかつて米国から肥料の援助が来たとき、それを使って収穫を増やすのでなく、働くのを午前だけにしたとのこと。

　『ラオスにいったい何があるというんですか？』これは村上春樹の本の題名。確かにラオスには他の観光国のようなこれという目立ったものはない。でも豊かな自然に恵まれ、温和な人々、目が合えば微笑みかけてくれるような人々がいる。まさに心癒される旅だった。

2018／2
ビジネス・8日

エジプト

ナイル川クルーズとハイライト・エジプト8日間

今から5000年も前におこった国、3000年にもわたって繁栄と衰退を繰り返してきた古代王朝の遺跡の数々を残している国。また古代エジプトの文字、人や動物、植物などの絵から成りたっているヒエログリフは最古の文字の一つでもある。

古代文明遺跡の宝庫、クルーズでの楽しみ

エジプトは何といってもメソポタミア文明とともに世界最古の文明発祥の地と言われている。やはり、そんな国はこの目で見てみたい。実はずっと前に訪れたいと思っていたが、数年前に動乱もあって行きそびれていた。

この地に人々が移住してきたのは今から3万年も前のこと。雨が少なく土地が砂漠化し、人々は水を求めてナイル川の沿岸、唯一の肥沃な土地に定住した。王が統治する王国となり古代王朝文明の始まりとなった。ここは太陽と大地、ナイル川に抱かれた豊かな土地である。

まず首都・カイロでは考古学博物館を訪れた。中央が吹き抜けになっている巨大な館内には総数16万点もの古代エジプト文明の遺品や美術品が展示されている。

死をこの世の延長ととらえた古代エジプト人は、来世で役立つ日用品とともに金銀宝飾品も一緒に墓に埋葬した。また、墓

の壁面にはそれら副葬品が絵や文字で記されている。

　いくつもの部屋を回って、次々に王や女王の座像などを見たが、何といってもツタンカーメン王の数々の副葬品、とりわけ黄金のマスクは圧巻だった。これは世界で最もよく知られた芸術作品で重さ11kgもあるとか、ラピスラブリ、水晶などで飾られている。その部屋では観光客用にマスクとの記念撮影をするというので長い行列が続いていた。

　カイロから空路ルクソールまで飛び、ナイル川クルーズ船に乗ってコムオンボまで、そこからバスでエジプト最南端のアブシンベルまで行った。アフリカの大地を流れ地中海に注ぐナイル川は豊かな水量でゆったりと流れている。立派な船はまさに移動するホテルで３連泊して午前は観光、午後は船内でゆっくりと過ごした。部屋の窓からナイル川の流れや対岸を眺めてみたり、また、屋上デッキでアフタヌーンティーをとりながら各国からの観光客たちとおしゃべりを楽しんだりした。

　船はルクソールに２泊ほど停泊してそこから観光に出かけた。ナイル川の西岸は夕陽の沈む死者の町としてかって墓所作りが盛んだったとか。西側の遺跡群の入り口には見上げるほどの大きな二体のメムノンの巨像が立っていた。王家の谷のツタンカーメンが眠る王墓に入場した。棺内にはツタンカーメンのミイラが安置されているのを見た。

　ハトシェプスト女王の葬祭殿は巨大だ。岸壁の傾斜を利用して造られた３階建てで、壁面には交易の様子や神々の姿などが今も残されている。正面まで続く長い道を歩きながら見上げる

ほど高い崖の下のほうに建てられた立派な祭殿にただ感心した。彼女はエジプトではじめての女王だった。なお、西岸では遺跡保護のため電気バスが走っていて、それに乗って移動した。

　東岸は太陽が昇る生者の町と言われ2つの神殿に入場した。カルナック神殿はエジプト最大級と言われるほどスケールが大きい。3つの神殿があって、まずそのうち最大のアメン大神殿に入った。

　第一塔門を入ると中庭の広い空間に壊れかかった柱の列があり、第二塔門の先には大列柱室があって、高さ20m以上の巨大な柱が何と130本も林立していた。しかも細かくいろいろな文字や絵が刻まれて。

　これは古代エジプト建築の一つの要素だとか、柱頭にはさまざまな植物の茎や花など写実的に表現されている。柱の間を歩いていると光と陰が不思議な雰囲気をかもし出してまるで別世界にいるような感じだ。部屋の周りの浮彫のレリーフも美しく残っている。

　もう一つのルクソール神殿は、カルナックの付属神殿として建てられ、スフィンクスが両脇に並ぶ参道を進むと中庭には74本の石林とその間に数々の立像が並んでいる。

　2日間停泊していた船は、エドフに向けて出港した。しばらく進んでいくとエスナ水門というところに来た。ここでは川の水位が10mほど違うので、水門に船が入ると後ろの門を閉めて水を入れたり、抜いたりして前方の川と同じ高さになったら門が開くという仕組みだ。そのときはまるでエレベーターのよう

に船が下がっていく。水門なんてはじめてなのでじっくり見たいと、私はできるだけ甲板の船首近くに陣取って20分ほど観察した。船は一艘ずつ水門に入るので列を作って順番を待っていた。

　エドフでは馬車でホルス神殿に、ここはエジプトの遺跡の中でも最も保存状態が良い。この神殿の主ホルス神の像のレリーフが至るところに見られ、列柱室の柱の上部にはいろいろなモチーフの装飾が見事だ。歴代のローマ皇帝の名前が刻まれたレリーフもある。

　コムオンボで下船して観光に出かけた、船からはここでお別れだ。ここの神殿はエジプトでも珍しい二重神殿になっている。これは２つの神殿のために入り口から奥まで２つに分かれて左右完全に対称になっている。中庭や広間の祭壇なども。ここはレリーフなどの保存も良いが、このような二重の神殿ははじめて見て感心した。

　コムオンボからバスで４時間ほど走りエジプト最南端のアブシンベルへ向かった。ここには新王国時代にラムセス二世によって作られた岩山を掘り抜いた大神殿があって、その正面には高さ20mもの巨大なラムセスの座像が４つある。その足元の入り口から中に入るとそこの列柱室にも彼の８体の立像がある。

　少し離れた小神殿は、彼の妃のために作らせたもの。ここにはラムセスの立像４体と妃の像２体が並んでいる。彼は実に顕示欲が強かったとのではないかと思われる。

造られたのは紀元前1300年ごろ、3000年も眠っていたのが1813年に半分以上砂に埋まった状態で発見されたとか。20世紀中半、ダム建設が始まり、ユネスコが世界60ヵ国からの援助で小さいブロックに分けて別の位置に移したとか、そのおかげでこうして見られるのはありがたいこと。

　夜訪れて神殿をスクリーンに音と光のショーがあってけっこう楽しかった。各国語のイヤホンがあり、日本語のイヤホンでスクリーンの映像とともにラムセス二世や神殿にまつわる歴史物語を聞くことができた。また同じ場所を翌朝早くに再び訪れゆっくり神殿を観光した。朝焼けに映える神殿はまた昨日見たのとは違って何ともいえず素晴らしかった。その後ナセル湖を遊覧して船の上からも神殿を眺めたが、これもまた趣が異なって見えた。

　カイロへ飛んでギザで三大ピラミッドを見たが、その予想していた以上のスケールの大きさにはただ圧倒された。各国から大勢の観光客が押し寄せている。一番大きいクフ王のピラミッドは高さ137mとか、内部に入ってみたが薄暗い中で行列を作って狭い通路と階段を上っていった。中には特に何か見るものはなかったが、ピラミッドの中に入ったということだけで満足した。

　広大な砂漠の中の世界最大の石造建造物、今から4500年も前に王が作らせたという。何のため、どのようにして造られたかなど現在もまだ発掘や研究は途上だし、謎は数多く残っている。広い砂漠の中に忽然と現れたピラミッド、やはりエジプトに来

たという一番強い印象を受けた。

　また、エジプトで最大、最古というスフィンクスは思ったより大きくて高さ20mとか。カフラー王の墓の守護のため造られたとのことだがこれも圧巻。

　行きたいと思っていて行きそびれていたが、やはりエジプトは訪れて良かった。ここは見どころがあり過ぎて何か消化しきれないという感じだ。何しろエジプトは世界最古の文明発祥地で、人類の足跡を少しでもたどれたと思う。また、この旅行はクルーズも含まれ、船上と陸地との両面での経験も楽しかった。（実はエジプトから帰国後３日目の朝、私は原因不明の突発性難聴、それに伴う平衡感覚障害で歩行に杖が手放せなくなった。山登りと海外旅行という楽しみはもう無理とあきらめた。しかし、山は無理でも海外はやはり行きたいという思いは強く、１年半ほど後には再び今度は杖を持って行くことにした）

🏴 ブルネイ

「永遠の平和」を求める華麗なるブルネイ王国

ブルネイは東南アジアのボルネオ島（インドネシア、マレーシア、ブルネイ3国）にある。この島自体は日本より広い大きな島だが、ブルネイはその北部のごく一部、面積は日本の三重県ほどの小さな国である。

小国ながら魅力たくさん、日本との強いつながり

　ブルネイなんて国は知らない人もけっこう多いと思う。一体どこにあるのだろうか、実は私自身それまでこの国のことも、どこにあるかもまったく知らなかった。

　ブルネイは国土こそ小さいが石油や天然ガスという豊富な天然資源に恵まれている。そのため世界でも屈指のお金持ちの国で医療費、教育費は無料、所得税もないという羨ましいような国だ。歴史的には古く、4〜5世紀には都市国家として成立したが、はっきり歴史上に現れたのは現在の王家の始祖が即位した15世紀はじめ。以来、世界有数の歴史を持つロイヤルファミリーが現在まで続いている。

　一時期ボルネオ島全部を勢力下におく海洋帝国だったがイギリスにより領土は縮小し、一時はイギリス保護領になっていたが、1984年完全な独立国になった。

　イスラム教国で、国王はスルタン（宗教的権威者）と呼ばれ、

首相として、政治、財政、国防などのトップでもある。国民からとても敬愛されているし、国王も気さくに通りなどに出て人々と会ったりしているとのこと。正式国名のブルネイ・ダルサラームは「永遠に平和なブルネイ」の意味である。

その年（2019年3月）に日本から6時間での直行便が出るとの知らせに、杖をついてのはじめての海外旅行としては近いし日数も短く最適と考えて挑戦してみた。まずブルネイの空港を出て、バスで通りを進むと車窓から見えた走っているほとんどの車が高級車で確かに豊かな国だと実感した。

この国の見どころ、観光のお目当ては新旧二つの豪華なモスクである。まず訪れたのは古いほう。前国王が総工費500万ドルをかけて1958年に完成した実に優美な建物である。イタリアから大理石、アラビアから絨毯など世界各地から集めた最高級の建材やインテリアを使って造られた。

また、建物の三方をラグーン（池）が囲んでいて、王室の船のレプリカまで浮かんでいる。モスク入場は靴を脱ぎ、女性は黒いガウンが必要で、入り口に用意されたさまざまなサイズから選んで着用する。

新モスクは現国王の即位25周年に合わせ8年かけて1994年に完成した。こちらは壮大で、豪華な大理石造りでドームは純金。入り口までの通路もカラフルなタイルで装飾されていて見事だ。中に入ると5000人も一度に礼拝できる巨大な礼拝堂に圧倒された。両方とも夜に再度訪れたが、ライトアップされて光り輝く様子は昼間見たのとは違ってまた一段と素晴らしかった。

イスラム国のモスクは今までにもトルコ、モロッコ、ウズベキスタンなどで多く見てきた。それらのモスクに比べても、ブルネイのモスクは新しいということもあってかちょっと違和感を覚えるほど。信者が礼拝する場所というより一種の「富の象徴」、世界一豊かな国ならではの建造物のような感じがした。

　王室資料館は王家ゆかりの財宝が展示されている博物館で、現国王の即位25周年記念に造られた。王冠や刀、コーラン、調度品、即位パレードに使われた車など豪華な品々に惹きつけられた。

　また、現国王の生い立ちの紹介、写真なども飾られていた。ここで国王の大きな写真の隣に同じサイズの日本人の写真が掲げられていた。これは後で紹介する日本の木村さん、ブルネイに深いつながりがあるとガイドから説明を受けた。

　ブルネイでは前にも述べたように国王は国民からとても慕われている。王族専用の広い競馬場など豪華な施設がいろいろあって、国民は不満を言わないのかと誰か質問したら、現地ガイドは、皆王様をすごく敬愛しそんなことは全然考えもしないとの説明、王も国民も幸せだなと改めて痛感した。

　ボートに乗ってマングローブ・リバーサファリに出かけた。野生ではここにしか生息しないというテングザルを見つけようと真剣に岸辺を見ていた。ガイドがあそこにと教えてくれてはっきり識別できなかったがそれらしき姿はとらえられた。その他にもカニクイザル、ワニ、水牛、オオトカゲなどもいると

か。

　また、このブルネイ川岸には世界最大級と言われる水上部落がある。16世紀ごろから２万世帯以上が暮らしていたと伝えられている。ただ、お粗末な水上部落の奥に立派なモスクがすっくと建っているのが見えたときは、その対比があまりにもアンバランスというか、この国にも格差があることを感じさせた。

　水上部落の中には学校や病院、モスク、消防署などまである。集落内に張りめぐらされた木製の桟橋は隙間だらけだったが、そこをこわごわ渡って水上の家庭を訪問した。船から眺めたお粗末さとは異なって、内部には水道、電気などインフラも完備していて、広い屋内は内装も立派でこれが水上部落か驚くほど。一軒のお宅に招かれ中でお茶やお菓子を御馳走になって一休みした。

　最後の２泊は王国一のエンパイア・ホテル、世界に二つしかないという７つ星ホテルでまず午後のお茶をいただいた。豪華な部屋でお決まりのケーキ、サンドイッチ、スコーンの３段重ねのセットで優雅な気分に浸った。

　このホテルは海沿いで敷地が広く、劇場や映画館、屋外のビーチを眺められるプール、ジャグジー、ゴルフ場、テニス、バスケットなどのコートも完備している。お散歩するのにも広すぎて地図を片手にごく近くを歩き回るだけで充分楽しめた。

　私が泊まったところは、「ラグーンビル」という名前の建物の中。部屋の窓からはラグーン、池が緑の樹々に囲まれた素敵な庭が眺められた。なお、現地ガイドは私たちに、皆さん日本

へのお土産買いたいでしょうが、ここの第一の名産は石油、これはお土産にはダメだからと「干しエビ」をすすめてくれた。私も買ったがこれは実に美味で、ブルネイの思い出とともにおいしく味わった。

　ブルネイは「世界一安全な国」と言われている。人々も一概にとても温和だ、経済的に恵まれているからだろうか。ここではマレー語が主に使われているとか、でも英語もとてもよく通じるので現地の人とも話ができて良かった。

　実はブルネイと日本とのかかわりは深い。2014年には外交関係樹立30周年を迎えた。日本はブルネイからの最大輸出国で、天然ガスの90％は日本向けである。この国は一時英国の保護領になっていたが、第二次大戦中1942〜1943年は日本の勢力下にあって、日本国ブルネイ県として統治されていた。こんな事実は知らない方も多いだろうし、私自身それまで知らなかった。

　先に王室資料館に国王の写真と並んで日本人の写真のことに触れたが、それが当時知事としてブルネイに派遣された木村強氏である。赴任してすぐ彼はブルネイ人を一人秘書にとお願いしたら、王の弟（現在の王）があてがわれた。現地のことをよく知りたいと思ったからだろう。木村氏はその秘書にも実情をよく聞き、相談しながらこの国のために力を尽くした。

　それまでイギリスはこの国の油田開発に力を注いでいたが、木村氏は道路、電気、通信などインフラ整備に力を注ぎ、大きな畑を作るなどブルネイ発展のために大奮闘をされた。たった１年だけだったが、彼はブルネイの経済、人々の心を変えた。

木村氏は皆から尊敬され、彼がブルネイを去るときには王族や政府の幹部など心から別れを惜しんだと言われている。さらに22年後彼は王からぜひまた来てほしいと招かれて再びブルネイを訪れ、彼らと会って友好を深めたとのこと。

　こんなことは日本にいては知る由もない。ブルネイで日本人の写真を見て、地元ガイドの話を聞いて、帰国後さらに調べて木村氏についての詳しいことがわかった。やはり実際に訪れなければ知らないことは山ほどあると思い知らされた。またこの旅で、いったんはあきらめた海外旅行が杖をついても大丈夫とわかって嬉しかった。

2019/11
7日

🇦🇺 オーストラリア

圧巻のオーストラリア　ハイライトぐるり周遊

この地には2万年以上も前から先住民アボリジニが住み着いていた。イギリスはアメリカが独立してそれまでの植民地を失い、新たにここを占領して18世紀終わり近くから流刑地とした。16万6000人もの囚人をオーストラリアに送ったと言われている。

広大な大地に眠る魅力、驚きのエアーズロック

「オーストラリア囚人遺跡群」は、世界遺産として11の地域にある。また、19世紀半ばここで金鉱が発見されるとゴールドラッシュでヨーロッパから大勢の人々が押し寄せた。先住民は迫害や伝染病などで彼らが来る前の1割ほどに減ってしまった。つまりこの地は先住民族の地から植民地へ、そして多民族の国家へと変わっていった。現在先住民族はわずか2％ほどで、他はすべて移民とのこと。

　以前、タスマニアに行くとき、シドニー経由の乗り継ぎに時間があって近辺を少し回ったが、オーストラリア本土は今回はじめてで、特に私のお目当てはエアーズロックだった。

　まず東海岸のブリスベンに到着。国内線で北東部のケアンズへ。そこからキュランタ観光へ向かった。ここは世界遺産の熱帯雨林に囲まれた高原地帯、世界一長いロープ・ウェイ「スカイレール」に乗って約7.5km、眼下に見下ろす広大な緑豊か

な自然の素晴らしい光景を楽しんだ。下方にはキュランタ観光電車の走るのも見えた。コアラ公園ではコアラを抱いて一人ずつ記念写真を撮ってくれた、コアラに接するのははじめてだったけれど、おとなしく抱かれてかわいらしい。他にもワラビー、カンガルー、ワニなどがいる公園内を散策した。

　次にケアンズからフェリーに乗って「緑の宝石」と称えられるグリーン島に着き、熱帯雨林の島を一周する散歩道を歩いた。ここには各国からの観光客も多く、いろいろおしゃべりしながらの海辺の散歩はとても気持ち良く楽しかった。

　エメラルド色に輝く遠浅の海には世界最大級のサンゴ礁が広がっている。グラスボートに乗って海中を覗くとサンゴ礁がきれいに見え、その間を色鮮やかな魚が何匹も優美に泳いでいた。

　自由の日に私はタクシーでケアンズ植物園に行った。ここはまるでジャングルのようで、まさに熱帯雨林植物園だ。高くそびえる熱帯の樹々、グリーンのトンネルの間を抜けていくと日本では見たこともないような巨木に珍しい極彩色の花々が見事に咲いていた。真っ赤や黄色、紫などの大きな花が高い木の枝からぶら下がっているのはきれいだったけど何とも異様だった。

　緩やかな坂道を上ったり下りたり、疲れたら途中にあるベンチで一休みして。広いので一日中いても飽きない。原住民たちが利用してきた植物を栽培しているところもあった。帰りタクシーが拾えないで困って近くにいた地元の若者に聞いたら、電話をして「Japanese girl が入り口で待っている」と伝えてくれて無事タクシーでホテルまで戻れた。ただ、おばあさんが

「girl」になったのには苦笑い。大きな帽子をかぶっていたからかもしれない。

国内線でエアーズロックへ。これはオーストラリア大陸のほぼ中央にある世界最大級の一枚岩である。このあたりは1万年も前から先住民が暮らしていた聖地なのだ。地上における地球のエネルギーのシンボルととらえられていた。

見渡す限り地平線の広大な砂漠に、348mとそれほど高くはないが、周囲は9.4kmと広い赤茶けた岩山がすっくと立っている。このあたり昼間は40度以上とか暑くて出かけるのは無理でホテルで休み、夕方と朝に見に出かけた。

まず夕方車でエアーズロック（原住民のことばではウルル）を一周した。それまで写真などで見ていた姿にくらべ、車窓から近くで見ると岩肌などもはっきりして、また大きさを実感した。

周辺にはいくつかの歩行用ルートがあって、そこを歩きながらここのガイドさんからアボリジニの原住民物語など聞かせてもらった。歩いた後少し離れたところへ行って全景を見た。太陽が沈むにつけ、夕日に照らされてエアーズロックの岩肌の色合いが刻々と変わっていく様子にただ見ほれていた。

翌朝は早く出て今度は朝日に照らされて輝くエアーズロックを見ながら朝食をとった。これもまた素晴らしい情景だった。昨日とは別の散策路を歩いていくとエアーズロックの違う様相が見られた。

また、少し離れたところにカタジュタというドーム型の奇岩

が集まっているところがあってそこへも行った。高い岩壁に挟まれながら進んでいくウォーキングもまた変わっていて面白かった。実はエアーズロックはそれまでは登ることもできたのだが、原住民の聖なる山であるという理由でこの１ヵ月ほど前から登山禁止になっていた。

　国内線でシドニーへ向かった。実は初日ブリスベンに到着したとき、空港の新聞でシドニーが赤茶色（山火事で）の大きな写真を見て帰りはシドニーからなので帰れるかと心配した。だが、山火事はもっと西の方で市内、空港あたりは全然問題なくてホッとした。でも、あの抱っこしたかわいいコアラが何匹も焼け死んだというニュースはショックだった。

　シドニーではブルーマウンテンズ国立公園を訪ねた。このあたり一面に茂るユーカリの樹々の葉の油分に太陽が当たり、山々が青くかすんで見えることからついた名前とのこと。トロッコ列車に乗り、ケーブルウェイでは渓谷の谷底と頂をゆっくり往復し、足元がガラス張りのスカイウェイでは渓谷の上を急こう配で走るスリルをと３つの乗り物で楽しんだ。下車してから緑の原生林の中を散策したが、何とも気持ち良かった。

　スリーシスターズと名付けられた尖塔型の大きな３つの砂岩が並んでいるのが見えるところに行った。空の青と映えてそのコントラストが美しく、多くの観光客も集まって夢中で写真を撮っていた。これには美しい３姉妹が岩に変えられたとのアボリジニの伝説が残っていて、ここは有名な観光場所になっている。

市内に戻ってオペラ・ハウスに入場してみたり、港内で船に乗って最後の夕食をとったりしてオーストラリアの旅は終わった。今回の旅は歩くところがかなり多かった。私が杖をついて歩くので、最初はガイドやお仲間は大丈夫と心配してくれた。

　でも歩く速度は他の人より速いのでみんなに感心された。それはやはり山登りをしていたためと思う。杖をついても海外旅行ができるとの自信をまた一層高めた。

　オーストラリアは島ではなく、世界最小の大陸である。日本の20倍ほどと何しろ広いところだ。今回の旅行でエアーズロックは中央部だったが、後はいずれも東海岸、いつかパースなど西のほうも訪ねてみたい。

タイ

2020／1
7日

至れり尽くせり微笑みの国タイ紀行

タイは面積も日本より広く、アジアでは有数の近代国家である。街には寺院や祠が多く、はるか昔の遺跡も残っている。7、8世紀王国が形成され、11〜12世紀にはいくつかの小国家がクメール王朝の勢力下におかれ、13世紀にスコータイ王朝が統一国家を形成した。

熱心な仏教徒の国、 豊かな自然の中に歴史的遺跡が

　タイはいくつかの王朝が現在まで続いている。ラーマ1世は王都をバンコクに移し、ビルマやカンボジアの侵略で衰退した文化の復興に力を注ぎ、国内を整備した。近代になってヨーロッパの列強が押し寄せる中、この国は東南アジアで唯一植民地にならなかった。1939年国名をシャムからタイ王国と改めた。

　日本との交流も600年前にさかのぼる。アユタヤには山田長政ゆかりの日本人町もある。彼は江戸時代に海を渡って貿易商として活躍し、その地方の主となった。年配の方は御記憶もあると思う、私も小学生のころに、歴史や国語の教科書に彼の名前が大きく取り上げられていたのを記憶している。また、日本は1887年東南アジアでははじめてタイと修好通商条約を締結している。

　さて、タイと言えばバンコク。そこは前にも訪れているが、このツアーはタイの最北部から南へと下っていく旅程が気に

入って参加した。というわけでバンコクから国内線で最北の
チェンライへ、そこからさらに最北の街でミャンマーとの国境
周辺を散策した。ゴールデン・トライアングルというところが
ある、黄金の三角形とはタイ、ラオス、ミャンマーの３国が接
する場所だ。ちょうどメコン川の上で３つの国が接する、そこ
の展望台に上って国境地点を見渡した。島国の日本では考えら
れないような場所だ。

　チェンライではワット・ロンクンという名前の純白の近代風
な寺院が何といっても観光客を集めている。白は仏陀の清浄さ
と宇宙を照らす光を表しているとのこと。

　当地出身の芸術家によって1977年から建てられたが、まだ未
完。シュールリアリズムというか、既成の枠組みを破壊したこ
の寺院はこの国の多くの寺院のイメージからはほど遠い。

　銀色のガラスタイルがはめ込まれ、光の加減でさまざまな光
がきらめいていた。何しろその華やかさに圧倒され、強烈なパ
ワーを受けた。仏教や神話をモチーフに装飾されていて、地獄
の参道から内部の本堂で天国へ昇天する道を多くの観光客と一
緒に進んで行ったが、その周りの華麗さにもただ感嘆した。建
物の回りは西洋風の庭園や池が取り囲んで、どちらかと言えば
寺院よりおしゃれな宮殿のようだ。

　また、タイ北部には多数の山岳民族が住んでいるが、バドウ
ン族という首長族の部落を訪れた。女性だけだが何人も首に真
鍮の輪を幾重にも巻き、本当に首が長くなっていた。まだ現在
でもこのような風習が残っているという現実にはちょっと違和

感を覚えた。一応観光用とのことだが、いつまでこの習慣が続くかはわからないと言っていた。広い部落の中を歩いたが、細かい刺繍の民芸品などのお土産屋さんが何軒も連なっていた。

　チェンライから少し南のチェンマイでは寺院をいくつか見学した。それぞれ見どころはあったが、中でも1383年に建てられた寺院は山の頂上に立つこの市の大本山である。高さ22mもあって金色に輝く仏塔は中に仏舎利（遺骨）が収められている。400段近い階段を上るのはかなりきつそうだったので、私は脇に設置されているケーブルカーを利用した。

　バスで郊外にあるエレファント・キャンプ場を訪れた。川で象が水浴びをするのを見た後でキャンプ場に行き、象のサッカーや象のお絵かきなどを見物した。象が鼻先に筆を挟んで、色使いも上手に見事な花など描いているのには感心する、それらの絵は値段がついて販売されていた。また、実際に象に乗って周辺を回りトレッキング気分を味わった。確かに象はタイの代表的動物で、人々は親しみと敬意をもって象に接してきている。

　バスで５時間近くかけて南へ下りスコータイへ到着。ここは最初の独立国家があった場所。そこでスコータイ遺跡公園に入場した。ここは70km^{2}もの広大な土地に大小200もの寺院を中心とした遺跡が点在している。ビルマからの侵入を防ぐ目的で作られたという３連の城壁で囲まれている。王室寺院、睡蓮の蕾をモチーフにした仏塔、天女と仏陀の壁面の装飾が残る寺院など見どころを回った。それらを見てやはりこの国の古くから

の歴史を感じた。

　そこからまた南に５時間ほど進んでアユタヤ遺跡公園へ。ここにも素晴らしい遺跡が眠っている。ただ、ビルマ軍の侵攻で破壊されて頭部のない仏像やレンガ積の土台などが痛々しい。

　菩提樹の根に包み込まれた仏頭はとても迫力があるが、何とも奇妙な感じだ。アユタヤ最大規模の寺院群にある高さ40mの天にも延びるような尖塔はかっての栄華をしのばせる。

　また、公園の隅の方に全長28mにも及ぶ巨大な寝釈迦仏は穏やかな表情で眠っていた。遺跡群は古の都の夢を彷彿とさせる。両方とも何しろ広大なのであちらこちら見ながら歩いていてかなり疲れた。

　そしてバンコクへ。ここは以前にも訪れたが、数多くの寺院が点在していて見どころは多いが観光客もまたびっしりだ。回廊にとり囲まれた王宮はタイ王室の守護寺院、エメラルド寺院とも呼ばれていて立派だ。

　川のほとりには巨大な仏塔で有名な暁の寺がある。涅槃寺には何と全長46mもの黄金の寝釈迦仏が横たわっていて、見物の行列の後について少しずつ歩きながら一回りするのにずいぶん時間がかかった。観光客の中で多くの中国人が皆黒いマスクをしていて不審に思ったが、そのときはまだそれがコロナのためとは気づかなかった。

　また、バンコクでは「ジム・トンプソンの家」を見学した。彼は米の建築家でデザイナーでもあった。大戦時に将校として

タイに派遣され、その後タイに永住した。彼の家は古民家6軒を取り集めてその材料を使い、タイの古い建築様式を取り入れて造られたもの。内装家具などもそのまま残っていてとても立派だ。また、庭園もきれいに設計されていて、歩いていて気持ち良かった。

また、20世紀東南アジアではヨーロッパ列強による植民地化が進んだが、アジア50ヵ国近くのうち植民地にならなかったのはタイと日本だけである。その理由について、タイの西側ミャンマーはイギリスの、東側のラオス、ベトナム、カンボジアはフランスの植民地だった。つまり、タイはフランスとイギリスの緩衝地帯、衝突を避けて植民地にはしなかったのだろうと聞いた。

現地のガイドと話していてアジアで植民地でなかったのはタイと日本だけと言ったら、「そうです」と言った嬉しそうな誇らかな様子が印象的だった。

第3章

夫と一緒の海外旅行

夫は学生時代から登山やスキーをしていて、子供たちが幼い
ころから家族をよくハイキングやスキーに連れて行ってくれた。
私が山歩きに魅せられるようになったのも彼のおかげと感謝し
ている。また、彼は生物の教師をしていて専攻は植物学だった
ので、日常でも山などでも植物、花のことは詳しくていろいろ
教えてくれた。おかげで私も山歩きや、また後日海外でも花に
は人一倍関心を持つようになった。また、昔の登山はテントで
飯盒炊飯、それで料理はお手の物、おかげで私はずいぶん助
かった。

　前にも記したように二人とも教員だったので、在職中でも夏
休みなどに旅行がしやすかった。ただ旅への二人の気持ちには
少しずれがあった。私はできるだけいろいろな国を見たいとい
う好奇心が強かった。他方夫は同じ国でも興味を持てば何度で
も行ってその国についてもっと知りたかったようだ。旅仲間と
一緒にインドなどは３、４回、中国シルクロードも何度か訪れ
ている。以下は二人で出かけた旅である。

台湾（1978年）● 6 日

　台北から南端まで巡った。細かいことは記憶にないが、何と
いっても台北の故宮博物館は鮮明に記憶に残っている。歴史に
翻弄されてきた中国美術工芸の素晴らしいコレクションだ。
8000年も前の玉器をはじめ、目を見開くような立派な美術工芸
品にただ圧倒された、一日中いても見飽きないほど。ここには

それら70万点近く収蔵されていて、世界四大博物館の一つとも称されている。

　高雄の蓮池もきれいだったし、最南端あたりも南国ムードあふれていて楽しく歩き回った。最終日は自由だったがどこへ行くより博物館をもう一度見たいと再訪し、じっくりと見物した。

　年配の現地ガイドは高校の教師をしていたとか、歴史にも詳しくとても上手に説明してくれた。ただバスの中などで話の折々に日本の統治時代の日本への非難めいた気持ちがことばの端々に感じられた。でもこれは仕方がないことと思った。

シンガポール（1979年）　● 6 日

　これは唯一回だけ夫の仕事に同伴しての旅行、夫がシンガポール大学での学会に出ている間、私は一人でバスを乗り継いであちらこちら観光をした。シンガポールは日本の統治、イギリスの植民地などを経て1959年共和国として独立した。日本の23区よりやや大きい程度の狭い国土ながら、その後経済成長は目覚ましく、貿易、交換、金融の中心地として素晴らしく発展した。

　また、ここは多民族国家で中国系住民が7割ほど。それにマレー、インド系がいる。言語もそれぞれの母語が公用語だが、誰でも母語と英語を使っているので便利だ。訪ねたのは今からおよそ40年前、この国に入って真っ先に目に入ったのは"Clean, Clear City"と書かれた大きな垂れ幕が記憶に残って

いる。タバコの吸い殻なども道に捨てると罰金とか、日本では考えられない清潔さに感心した。

　一番記憶に残っているのは国立ラン植物園（Orchid Botanical Garden）、広大な敷地に無数といえるほどの色とりどりの洋ランが美しく輝いていた。日本では温室でしか育たないようなランが屋外の自然の中で育っていて実に見事だ。見たことがないようなさまざまな種類のランが無数に咲いて華麗な姿を見せていた。ここは南国のオアシスで、観光客も多かったが、地元の人々も来ていた。広大な敷地に広がるランの花々にすっかり見ほれて立ち去りがたかったのを覚えている。

　また、ジョホール海峡を渡る長い橋をバスで北上して、**マレーシア**に脚を踏み入れた。丘の上に建っているイスラム寺院を見学したが、マレーシアで最も美しいと言われるこのモスクは白壁が見事だった。モスクはこの後いろいろな国でいくつも見ることになるが、これははじめて見たモスクだったので印象深い。

アメリカ（1979年）　・10日

　第1章に記した20年も前アメリカ留学時にもてなしてくれたロサンジェルスのメインさんとは以来ずっと頻繁に文通が続いた。彼女の手紙はいつも長く、客をもてなした食事のテーブル・セッティングの様子まで細かい日常のことなどが記されていた。彼女には子供がなく、私は早くに母を亡くしていたので

「アメリカの母」と言ってかわいがってもらった。彼女が亡くなったときにはわずかながら遺産分与にまであずかり、手続きに訪れた登記所では外国人からの遺産分与とは珍しいと驚いていた。

　メインさんは80歳になってから本を6冊も書き、そのうち3冊は旅行記で、一冊は私も日本語に翻訳して出版した。20年近く過ぎてからメインさんは自分が元気なうちに会いたい、ご主人も一緒にぜひ来るようにと招いてくれて夫と訪問した。

　着いた当日の夜ロサンジェルスの作家同盟の会に連れて行かれ、今日は日本からのゲストが来ていると大勢の前で挨拶を求められ、突然のことでちょっと戸惑ってしまった。

　夜、彼女の家に入って驚いた。そこはワンルーム・マンションで、小さなベッドが一つあるだけ。3人もどうするのかと不審に思ったけど、彼女は一休みの後ソファーをサッとベッドに変えた。そして準備してあった荷物を持って「私は上の階の友だちのところで寝るから、二人ゆっくりお休みなさい」と言って出ていった。日本ではありえないだろうこと、ホスピタリティについて考えさせられた。

　当時彼女は90歳近かったけれど車で植物園、美術館、友人の家、ランチを持って海岸になどいろいろな場所に案内してくれた。植物園などでは入り口で「ゆっくり回っていらっしゃい、私はここで本を読むとか書きものをしているから」と言って送り出してくれた。彼女の車にはいつも何冊もの本が積まれていた。90歳近い彼女の姿勢にすごく感心した。

また、20年前に泊めてくださったサンフランシスコのマッキンノンさん一家も以後親しく文通し続け、娘さん二人ともに来日したときは我が家を宿にした。

　このときもアメリカに来るならぜひうちにもとお宅に招かれ再会を楽しみ３、４泊した。２回目だったが大好きなレッドウッド（Redwood）国立公園にご夫妻に連れて行ってもらった。そこは広大な敷地にヒノキやセコイヤなどの巨木がそびえ立っている。光と影のまだらな中を苔むすトレイルを木の香りをかぎ、気持ち良く歩き回った。夫もとても喜んでいた。

ソ連、フィンランド、スウェーデン、ノルウェー、デンマーク（1987年）●15日

　夫の退職祝いに二人で出かけた。まずソ連（現在はロシア）から。モスクワ空港に到達したとき、空港には物々しい軍服の兵士が大勢たむろしていて、ちょっと怖いところに来てしまったという感じで緊張した。モスクワ市内で見た赤の広場、クレムリン宮殿やグム（国営百貨店）などは見事だったが、店には貧弱なジャガイモや人参が並んでいてみじめだった。

　国営ホテルも驚くほどお粗末で固いベッドで満足に眠れないほどで、期待をかけて来ただけに初日からちょっとがっかりした。もちろんこれは30年以上も昔の話、ソ連崩壊の前のこと。現在はモスクワの様相もすっかり変わっていると思う。

　そこから飛行機でレニングラード（現在のサンクトペテルブルク）へ。ここは1917年まではロシア帝国の首都、レーニンを

記念しての都市名だった。その後首都はモスクワに移りここは経済、文化の中心地になった。第二次世界大戦中、独ソ戦でこの地はドイツ軍に900日近く包囲され、多数の市民が犠牲になった。

　ここで生まれ育ったショスタコーヴィチは、『レニングラード』という名前の交響曲を作曲して、その包囲の惨状を伝えた。それから40年以上たち、ここはモスクワと同じ国かと首をかしげたくなるほど素敵な都市だった。

　レニングラードはモスクワとは雰囲気がまったく異なり、中心部にはきれいな運河が流れ、緑も多く美しい街だった。ホテルも食べ物も西洋風でホッと一息ついた。

　エルミタージュ美術館は世界三大美術館の一つと言われるだけあってさすがに素晴らしい。何しろ建物自体が世界遺産に登録されているほど見事で、内部の装飾も素晴らしく、収蔵されている美術品も見事でソ連に来て一番感激した。それにソ連はサーカスも盛んのようで野外劇場に見に行ったがけっこう楽しかった。

　レニングラードから7、8時間国際列車に乗ってフィンランドへ。途中国境の印は目立たない柵だったが、そこを境に窓からの風景が灰色の荒れ地から花々の咲く明るい光景へと急変した。その変わりように驚くとともにほっとした感じだった。

　入れ替わった車掌さんもぐっと人懐っこく、おしゃべりなどして愛想が良かった。その上紅茶とクッキーのサービスまであって、気分もすっかり明るくなりヨーロッパに入ったという

感動を覚えた。

　ヘルシンキの駅についたときもやっとという気持ちで嬉しかった。**フィンランド**は日本よりちょっと小さいくらいの森と湖の国、森林比率は先進国内では世界一とか。ホテルのすぐ裏がバルト海に連なるフィンランド湾で、緑も多く二人でそのあたりを散歩して日本を出てからはじめて本当にゆったりした気分になった。

　絵に描いたように美しい自然や街並み、西洋を痛感した。橋を渡って小さなセウラサーリ島に行った、そこには国内各地から集めたさまざまな建築物を集めた野外博物館があった。

　フィンランドでは「敵の敵は味方」（ともにソ連と敵対した）と言ってTogo（東郷元帥）という銘柄のビールで日本人を暖かくもてなしてくれた。シベリウスの大きなマスク像を見て、彼の家も訪れた。彼の『フィンランディア』はソ連の圧政と母国の独立をうたった愛国の交響曲で、それを思い出して感極まった。

　ここで特に印象的だったのは石の教会だ。石を掘った洞窟のような広い空間内が教会になっている。内部は外からは信じられないほど壮大な空間で、立派なパイプオルガンもあり、岩肌で囲まれ格子窓から自然光も入ってくる。教会の上には植物が茂っていて、外からは教会があるとは思われない。私たちも中に入ったが外部からは想像できないような空間に圧倒された。こんな素晴らしい建築物を設計した人物はすごいと思った。

　フィンランドは教育水準も学力世界一、大学まで学費は無料

だ。これには教育へ投入する税金の多さ、教師の質の高さなどがかかわっているとのこと。

　さらにこの国は国連の「世界幸福度ランキング」でここ３年ほど一位を保っている。これは国民の幸福感を主観的に分析したもので、社会保障がしっかりしていることもかかわっている。上位は北欧諸国が並んでいるが、日本は年々下がって2020年度は何と62位、特に主観的満足度が低い。情けない思いがする。

　この素晴らしい国、フィンランドから船に乗って**スウエーデン**の首都ストックホルムに到着した。バルト海を見ながらの船旅も優雅で楽しかった。この都は「北欧のベニス」とも呼ばれる美しい水上都市。旧市街のガムラスタンは14の島からなり、中世の面影を残している。宮殿やノーベル博物館、市庁舎はガイドツアーに従って次から次に豪華な部屋を回った。黄金内装のホールで、ここがノーベル賞晩さん会の行われるところだと聞いたときはさすがに感動した。

　また、ここの地下鉄は各駅の天井から壁にそれぞれ見事な絵が描かれていると聞いて、そんな珍しいところはぜひ見てみたいと出かけて行った。わざわざ一駅ずつ降りて絵を見て楽しんだ。「世界一長い美術館」と言われる通り、素晴らしい光景だ。これなら混んでいる通勤時でも気持ち良いだろう、よく考え出したものだと感心した。

　次に訪れた**デンマーク**はアンデルセンの世界が残っているよ

うな小さなかわいい国。北海道の半分くらいの面積しかない。首都・コペンハーゲンは美しい。どの家の回りにも花々が見事にあふれていて、一軒一軒ゆっくり見たくなるほど。

　運河を船に乗って遊覧した。アンデルセンの人魚姫の像も間近に見えたし、また周辺の立派な教会やお城などの建物、美しい街並みなど船上から眺めて楽しんだ。

　船から降りてキェルケゴールやアンデルセンの像の場所に行き、じっくり二人の銅像と対面した。哲学者と童話作家というまったく異なる分野の有名人についてしばし思いにふけった。街から少し離れたバルト海海岸沿いに『ハムレット』の舞台だったという立派なクロンボー城がある。私たちはスウェーデンのある町から川をへだててこの城を眺めたが、作品を思い浮かべて感慨深い思いだった。

　コペンハーゲンにあるチボリ公園を訪れたが、これは一般の公園のイメージとはまったく異なっていた。規模も壮大で、観覧車などアトラクションの娯楽施設もあり、いろいろな催しものもあって大人も楽しめる。

　庭園地域には花々が咲き乱れ、見事な樹々に囲まれていた。噴水など美しい景観を愛でながら私たち大人も楽しく歩き回った。ここはメルヘンが一杯、世界最古のテーマパークのようなものだ。

　ノルウェーは細長い形で広さは日本とほぼ同じ、まずヴィーゲラン野外彫刻公園を訪れた。ここはヴィーゲランという彫刻

家の作品だけを集めたところである。すべて人間の裸の像200体以上、またそれを構成する人物は600とか広い庭園の中にちりばめられている。というと小さな作品の感じがするが、門そのものにも人の形が刻まれ、大きい作品が多い。こんな彫刻群はそれまで見たこともなかったのでとても感動した。

この国はフィヨルドが有名だ。これは氷河が移動するとき谷底をU字型に削り取り、海水が入ってきてできた自然の神秘。両側に1500m級の山々の緑濃い断崖が連なっていて、また氷河の雪解け水が白糸のような滝となって崖から流れ落ちてくる。私たちは途中まで汽車で、そこから船でフィヨルドを進み、途中で1泊してこの珍しい壮大な自然を楽しんだ。

ソ連と北欧4国すべてを見て回れたこの旅は素晴らしい旅だった。北欧諸国とひとまとめにしてしまいがちだが、やはりそれぞれのお国柄があり、1回の旅でいろいろな経験ができて楽しかった。

パキスタン（1992年） ◆7日

それまでこの国についてはどこにあるのか、どんな国か何も知らなかった。まさかそこを訪れるなんて夢にも思わなかった。

実は場所も今回地図で調べてはじめてわかったが、この国はインドとアフガニスタンの間に位置している。日本の2倍以上の大きな国だ。なんでそんな国を訪れることになったのか。実は第1章で記したレディング大学の大学院に留学していたとき、

この国から一組の姉妹が来ていてともに学んだ。

その姉妹にぜひ来るようにと招かれて訪れたのだが、それには理由があった。彼女らは上流階級で幼時から英国人の家庭教師付きで育った由、母語のウルドゥ語の訛りはあるものの英語はペラペラ、私はとてもかなわない。ところが大学教師というのに二人とも文法、発音学など理論は全然わからない。

パキスタンの大学ではこれらの理論を教えないのかと不思議に思ったほど。理論については日本人の得意分野だ。そこで私に質問攻め、ずいぶん時間をさいて教えてあげた。おかげで彼女たちは理論の試験も通り、そのお礼にご主人と一緒にぜひとの招待だった。

パキスタンへのツアーに参加して、首都・イスラマバードで一日彼女らの家を訪れることにした。それまでこの国の人々の貧しい生活ぶりを見てきて、この国では一般庶民はひどく貧しいが、ほんの一握りの上流家庭は豊かな生活を送っていることがわかった。待ち合わせ場所に彼女たちは運転手付きの立派な車で迎えに来てくれた。

まず姉の豪華邸宅に連れて行ってもらった。門から邸宅までの広い前庭では庭師が植木の手入れをしていて、豪邸内にはメイドさんが何人もいて、素晴らしいハイティー（お茶と軽い軽食）をごちそうになりながらいろいろ話がはずんだ。彼女たちにとってもイギリスでの留学生活はとても懐かしい思い出だったようだ。

彼女らに会う前に印象に残ったことが一つあった。モヘン

ジョダロ（死の丘という意味）という遺跡を訪れた。そこは紀元前2500年ごろから700年ほど繁栄をきわめたところだったが短期間で衰退してしまった。インダス川流域に栄えたインダス文明最大級の都市遺跡である。パキスタンという国にそんな古代文明が栄えていたことも私にとっては新発見だった。

　広い遺跡を回っていると、この国の青年が二人で高校の社会科教師と自己紹介をして、日本の方かと英語で話しかけてきた。日本のことを知りたいと熱心にいろいろ質問してきた。原爆の後の様子、その後は植物は生えない（75年間植物は育たないと言われていた）のかなども聞いてきた。私たちもたまたま時間はたっぷりあったのでゆっくり話をした、少しでも彼らの役に立てて良かった。二人ともとても真面目な好青年だった。

マレーシア（1993年）　7日

　近年、首都・クアラルンプールは目覚ましい経済発展を遂げ、高層ビルが林立して、高速道路なども完備しているようだ。ところが30年近く前はまだそれほどでもなく、何しろ交通渋滞はひどかった。タクシーでホテルに帰るのに何でそんな遠回りをするのかと聞いたほど。

　クアラルンプールからの帰途空港までのタクシーで運転手はそのうちに首都はこのあたりの広い土地に移転するのだととても誇らしげに言っていた。その通りその年に首都移転が決まり、1996年から首都機能の一部の移転が開始したそうだ。動物園、

植物園などを訪れたが、やはり熱帯地方の植物などは珍しく
ゆっくり時間を取って楽しんだ。

　夕方、市内から少し隔てたところにある蛍の名所を訪れた。
夜小川を専用のボートに乗って蛍見物をした。日本では夏だけ
なのに、ここは常夏の国、蛍も1年中見られるとのこと。蛍の
好むマングローブの木に文字通り蛍が密集していた。まるでク
リスマスツリーのように樹々の間で蛍が見事にきらめいて、ま
さに夢のようだった。こんな大群の蛍鑑賞は日本では見られな
い、その豪華さを満喫した。

　マレーシア北西部、タイに近いところにあるランカウイ島に
出かけてそこで数日を過ごした。この地域は当時まだ西欧人の
高級観光地だった。太古の森とエメラルドグリーンの海に囲ま
れたリゾート地。世界ジオパークにも認定された美しい自然と
海が融合して素晴らしかった。白砂のビーチでゆっくり休んだ
り、マングローブのあたりを散歩したり、また街中にも出てみ
たりのんびりと何日か楽しんだ。

おわりに

　世界に独立国は200近いとのこと、数えてみると私は60数ヵ国、3分の1近くの国を訪れてきた。自分では特に変わったことをしたとは思っていない、他の人と同じように普通に暮らしてきたつもりだ。でも一般的にはこんなに海外を旅するのは確かに珍しいかもしれない。しいて言えば前にも言ったように私は好奇心が強かったからだろう。アメリカやイギリスは10回以上行っているので、海外への旅は回数としては80回以上になる。

　日本以外のまだ知らない国に実際に行っていろいろ見てみたい。日本で味わえない新鮮な体験をしてみたい。本やテレビで見るのとは違い、実際に脚を踏み入れて日本にはない雄大な自然や異文化の街並みに触れ、その国の歴史や文化を知ることは何と魅力的なことだろう。また、戻ってきてその国について知りたいことを調べればさらに理解が深まる。そんな気持ちで旅を続けてきた。

　よその国に行ってはじめて自分の国のことがよくわかるというが確かにそうだ。これは若いときの留学生活でも感じたことだ。例えば、水道の水がそのまま飲めるのは世界で15ヵ国、アジアでは日本とアラブ首長国連邦だけだとか。海外ではいつもミネラルウォーターのビンを買い求めていた。「歯磨きもミネラルウォーターを使ってください」と添乗員から注意される国もあった。

何といっても日本は平和で安全な国だ（世界平和度指数では
９位だが）。戦後75年間戦争をしなかった国は国連加盟国200近
いうち８ヵ国だけとのこと。ほとんどは北欧の国々だが、アジ
アでは日本とブータンだけとのこと。私自身戦争を体験し、ま
た海外で多民族の住む国での紛争を見てきて平和の大切さを痛
切に感じる。特に宗教に絡む戦争や内戦が多いことを改めて知
り、平和な日本で暮らしていることを改めてありがたいと思う。

　こんなにたくさんの国にどうして旅行できたのかと聞かれる、
特に高齢になってからの旅（第２章）については、「はじめに」
に記したように（１）自由、夫を亡くし一人になりまた仕事も
完全に終わり何の制約もなくなったこと。（２）体力、海外に
行くにはそれなりの体力が必要だが、たぶん山登りのおかげで
自然に鍛えられていたのだろう。（３）経済力、これは長年働
いてきたから。

　海外旅行には準備だけでも大変で面倒だなどともよく聞くが、
私には面倒より好奇心が上回っているのだろう。それに何度か
行くうちに旅慣れして不要な物は持って行かないので、準備も
簡単になってくる。

　特に高齢になれば重い荷物は持てなくなる。はじめのうち
使っていたスーツケースはそれより一回り小さいのに変えた。
またここ数年はたった５日のカンボジアへの旅のために求めた
ごく小さいもので１週間でも10日でも不自由していない。お土
産もかさばらない小さい物だけ。

　近年、旅先で同じツアーの仲間（多くは50〜60代）に年齢を

聞かれて答えると、皆に驚かれる。80代になって海外に行けるとは思いもしなかった、海外旅行はもうそろそろ終わりと思っていたのに勇気をもらったと感謝されている。現在87歳でしかも杖持ち、昨年も1月には出かけた。現在はコロナでお休みだが、収束すればまた行きたい、そのために今は体力維持に努めている。

　現在はコロナのためまだ海外に出かけられない状態だが、この書を読んで私の海外旅行を疑似体験してもらえると思う。また出かけられるような状態になったとき、本書の中からこんな国、こんな地方に行ってみたいと何かの参考にしてもらえば嬉しい。

2021年6月

　　　　　　　　　　　　　　　　　　　　　　相沢佳子

著者紹介

相沢佳子（あいざわ よしこ）

1933年東京生まれ。津田塾大学英文科卒業。フルブライトにより
ミシガン大学留学。英国レディング大学修士課程（英語教育専攻）
修了。元東京造形大学教授。

【著書】

『ベーシック・イングリッシュ再考』（リーベル出版／1995）

『英語基本動詞の豊かな世界』（開拓社／1999）

『850語に魅せられた天才C.K.オグデン』（北星堂書店／2007）

『英語を850語で使えるようにしよう』（文芸社／2013）

『C.K.オグデン「ことばの魔術」からの出口を求めて』（清水書院／
　2019）

70歳からの海外旅行訪問記

2021年6月29日　第1刷発行

著　者　　相沢佳子
発行人　　久保田貴幸

発行元　　株式会社 幻冬舎メディアコンサルティング
　　　　　〒151-0051　東京都渋谷区千駄ヶ谷4-9-7
　　　　　電話　03-5411-6440（編集）

発売元　　株式会社 幻冬舎
　　　　　〒151-0051　東京都渋谷区千駄ヶ谷4-9-7
　　　　　電話　03-5411-6222（営業）

印刷・製本　シナジーコミュニケーションズ株式会社
装　丁　　杉本桜子

検印廃止
©YOSHIKO AIZAWA, GENTOSHA MEDIA CONSULTING 2021
Printed in Japan
ISBN 978-4-344-93485-6　C0095
幻冬舎メディアコンサルティングHP
http://www.gentosha-mc.com/

※落丁本、乱丁本は購入書店を明記のうえ、小社宛にお送りください。
送料小社負担にてお取替えいたします。
※本書の一部あるいは全部を、著作者の承諾を得ずに無断で複写・複製すること
は禁じられています。
定価はカバーに表示してあります。